W0026612

- Die Bräute Allahs -

MESSNER Werner

Julia Jusik

DIE BRÄUTE ALLAHS

Selbstmord-Attentäterinnen
aus Tschetschenien

Aus dem Russischen
von Franziska Seppeler
und David Drevs

Buchverlag

Bibliografische Information Der Deutschen Bibliothek
Die Deutsche Bibliothek verzeichnet diese Publikation in der Deutschen Nationalbibliografie; detaillierte bibliografische Daten sind im Internet über http://dnb.ddb.de abrufbar.

Titel der Originalausgabe: Nevesty Allaha, 2003

www.np-buch.at
verlag@np-buch.at

Übersetzung aus dem Russischen
Franziska Seppeler: Vorwort, Teil 1, Teil 2
David Drevs: Teile 3 bis 5, Nachwort und Postskriptum

Lektorat: Afra Margaretha
Umschlaggestaltung: Kurt Hamtil, Verlagsbüro Wien
Typografische Gestaltung, Satz: wolf, www.typic.at
Gesamtherstellung:
Ueberreuter Buchbinderei und
Buchproduktion Gesellschaft m. b. H.
A-2100 Korneuburg, Industriestraße 1

ISBN 3-85326-373-9

Inhalt

Anstelle eines Vorworts

„Ich habe die ganze Nacht geweint und bin dann eingeschlafen. Ich habe geträumt, dass ich heirate, ich trug ein Hochzeitskleid, habe mich aber selbst geschmückt. Was das alles wohl zu bedeuten hat …"

Aus dem Tagebuch der Terroristin von Tuschino,
Sulichan Elichadschijewa, kurz vor ihrem Tod

Man fragte mich: „Was willst du über sie schreiben? Willst du sie etwa rechtfertigen? Den Tod der Kinder, der Jugendlichen, der Frauen und Greise rechtfertigen, die sie umgebracht haben? Du willst Mitleid für sie wecken? Begreifst du überhaupt, was da passiert? Sie töten UNSERE Kinder! Das ist unverzeihlich!"

Oder man sagte mir: „Sollen sie doch in der Hölle schmoren! Mein Junge stand einfach nur in der Schlange nach Karten an, er wollte doch nur zum Konzert, er hat ihnen nichts getan, er war ein Schüler, er wollte leben, wollte lieben. Wie ich sie hasse!"

Die Rede war vom Terroranschlag auf dem Rock-Festival in Tuschino (2003). Zwei tschetschenische Mädchen hatten sich in die Luft gesprengt und ganz Moskau erbeben lassen. Die Splitterteile aus ihren Gürteln – Draht, Nägel, Schießpulver – drangen in die Herzen aller, die in Russland leben.

Nicht weil sie die Getöteten betrauerten, sondern weil alle Angst bekamen, dass beim nächsten Mal eine solche Todesfrau neben ihnen stehen könnte.

Der Lektor eines Verlages sagte: „Was willst du über sie schreiben? Eine journalistische Untersuchung darüber, wo sie geboren wurden und lebten und wie sie zu ‚lebenden Bomben' wurden? Schau doch, die Zeitungen haben bereits darüber geschrieben. Gestern erst: ‚Ein halbes Jahr vor dem Terroranschlag wurde die Terroristin aus ihrem Haus gekidnappt … aha …

hier … sie mochte Plüschbären und war eine gehorsame Tochter … Ihr Bruder ist Wahhabit.' Ja und? Erhellt das etwa in irgendeiner Weise das, was da passiert? Man wird über sie schreiben müssen, wenn alles vorbei ist. Dann werden wir es auch drucken. Wir werden Bilanz ziehen und analysieren, was das alles war."

Doch ich will nicht erst darüber schreiben, wenn das alles vorbei ist. Ich will nicht die Leichen zählen und die traurige Bilanz eines „neuen Phänomens in der russischen Geschichte" vorlegen.

Obwohl das wahrscheinlich einfacher wäre. Zählen, analysieren und feststellen, dass wir Zeugen einer historischen Erschütterung waren.

Nein, ich will über das „neue Phänomen in der russischen Geschichte" heute schreiben. Jetzt. Und keinen Tag später.

Denn ich will Terroranschläge nicht zählen, ich will sie verhindern. „Informiert sein heißt gewarnt sein."

Ein Jahr lang fuhr ich durch Tschetschenien und erfuhr nach und nach die Wahrheit über diese Frauen. Frauen, die sich in die Luft gesprengt haben wegen … einer Idee? Wegen eines Mannes? Oder weil sie keine Wahl hatten?

Die Wahrheit ist immer da. Man muss sie nur finden. Sie liegt irgendwo zwischen der Propaganda der tschetschenischen Seite und der unseres Geheimdienstes.

Und nun? Das Buch ist fertig, die Kommas sind gesetzt, doch sobald ich den Kopf hebe und höre, was man ringsum sagt, verliere ich die Fassung.

Lüge, Lüge und nochmals Lüge.

Und wir alle leben in dieser Lüge. Wir glauben, was uns im Fernsehen erzählt wird. Und wovon spricht man da? Vom internationalen Terrorismus, von der Gruppierung der „Schwarzen Witwen" Schamil Bassajews, von weiteren geplanten Terroranschlägen in Russland und davon, dass es unmöglich ist, einer „lebenden Bombe" zu entrinnen. Eine Zeitschrift machte sogar den Vorschlag, in den Schulen ein neues Fach einzuführen, „Überleben in der Großstadt", wo es darum gehen soll, wie man sich bei Katastrophen und Terroranschlägen verhält.

Moskau ist Palästina, diese Frauen sind Schahidinnen. Und alle glauben das und verharren in angstvoller Erwartung.

Niemand hat je darüber nachgedacht, dass es in der Geschichte der Kaukasischen Kriege, die Russland seit hunderten von Jahren führt, nicht einen Fall gab, in dem sich ein Tschetschene oder gar eine Tschetschenin mit Sprengstoff umgürtet und in die Luft gesprengt hätte. Bei Lermontow heißt es: „Der böse Tschetschene kriecht ans Ufer, er wetzt seinen Dolch." Tschetschenen griffen an – sei es hinterrücks oder Aug' in Aug' – doch immer mit dem Dolch.

Selbstmord gilt als Schande. Ein Krieger muss bis zu seinem letzten Blutstropfen kämpfen.

Und Frauen haben sich überhaupt nie an Kriegen beteiligt. Sie brachten Kinder zur Welt, warteten zu Hause auf ihren Mann und hüteten das Heim. Die Bergbewohnerin stand immer hinter ihrem Mann. Stets blieb sie im Hintergrund, bescheiden und schweigsam. Dass eine Frau eine Waffe in die Hand nähme und in den Vordergrund träte, war unerhört und undenkbar.

Der Großfürst Michail Romanow erstattete dem Kriegsminister Miljutin erschüttert Bericht über die Ereignisse im Kaukasus 1864:

„Es ist etwas geschehen, was Tschetschenien wohl kaum je zu Gesicht bekam! Dreitausend Eiferer (unter ihnen sogar einige Frauen!) gingen ohne zu schießen mit Dolchen und Säbeln wie in Raserei auf unsere Einheit aus sechs Bataillonen los, welche sie regungslos erwartete, das Gewehr in der Hand. Sie kamen auf eine Entfernung von sechzig Metern an unser Heer heran. Die Partie von ihnen, welche auf unsere linke Vorderseite zuging, gab eine Salve ab, woraufhin sich alle auf ihre Säbel stürzten. Da befahl Fürst Tumanow zu schießen: Die Einheit eröffnete das Gefechtsfeuer, und nach wenigen Minuten flohen die Angreifer in völliger Ungeordnetheit. Die Gesamtverluste bei den Rebellen stehen noch nicht fest, doch unter jenen, die durchs Bajonett erstochen waren, fanden sich fünf weibliche Leichen!"

Der Großfürst war weniger erschüttert über den Wahnsinn des „lebenden Schutzschilds", das sich auf die Zarenarmee gestürzt hatte, als vielmehr darüber, dass unter den Angreifern Tschet-

scheninnen gewesen waren, die sich den Bajonetten entgegen geworfen hatten.

In der neueren Geschichte Tschetscheniens, die gezeichnet ist von Krieg und Leid, schienen Frauen allerhöchstens in der Lage, mit dem Bild ihres getöteten Mannes zu einem Meeting zu gehen oder sich vor die Räder eines Busses mit einer ausländischen Delegation zu legen. Auf diese Weise brachten sie lange Zeit ihre Verzweiflung und ihren Protest gegen das spurlose Verschwinden ihrer Söhne zum Ausdruck. Warum also hat nie jemand darüber nachgedacht, wie Russland es nun schafft, die weltweit höchste Zahl der weiblichen „lebenden Bomben“ aufzuweisen??

Anderswo haben sich Frauen auch früher schon in die Luft gesprengt. Terroristische Organisationen in Sri Lanka („Befreiungstiger von Tamil Eelam“) und in der Türkei (die marxistische Arbeiterpartei von Kurdistan) beispielsweise benützen Frauen seit mehr als zehn Jahren für das Ausführen von Terroranschlägen. Es war eine Selbstmordattentäterin, die den indischen Premier Rajiv Gandhi 1991 umbrachte. Die Sprengvorrichtung hatte sie unter ihrem Ṣari versteckt. Das Attentat auf die Präsidentin von Sri Lanka, Chandrika Bandanaraike Kumaratunga im Jahr 1996 wurde ebenfalls von einer Terroristin verübt.

In der Türkei starben im Laufe von drei Jahren (die letzte Welle von Selbstmordanschlägen verebbte erst 1999) zwanzig Menschen durch Kamikaze-Frauen. 2002 sprengte sich in Pakistan eine Frau in einer Zeitungsredaktion in die Luft – zwei Menschen kamen ums Leben.

Anders verhält sich die Sache in Israel. Der erste Terroranschlag unter Beteiligung einer Kamikaze-Frau wurde 2002 in Jerusalem verübt, also erst nach jenem in Tschetschenien. Seither haben palästinensische Extremistengruppen sieben Mal die Hilfe von Selbstmörderinnen in Anspruch genommen. Gewöhnlich werden die Kamikaze-Anschläge von Männern verübt.

Der vom israelischen Geheimdienst mittlerweile eliminierte Scheich Achmed Jassin hatte seinerzeit geäußert, dass keine Notwendigkeit für die Zuhilfenahme von Frauen als „lebende

Bomben" bestünde. Falls sich diese jedoch ergeben sollte, würden auch Frauen eingesetzt, und Greise und Kinder.

In Tschetschenien sprengen sich Männer nicht in die Luft. Sie hängen zu sehr an ihrem Leben. Und da haben wir den ersten Unterschied zwischen den palästinensischen und den tschetschenischen Selbstmordattentätern: In Tschetschenien kommen ausschließlich Frauen um.

Einen jungen Tschetschenen, der früher Rebell gewesen war und mittlerweile für den Feldkommandanten Aslan Maschadow eher Mitleid empfindet, fragte ich, ob er sich für seinen Glauben töten könne. Er antwortete laut lachend: „Weswegen sollte ich mich umbringen? Selbstmord – das ist was für dumme Frauen."

Als ich die Biografien der tschetschenischen Selbstmordattentäterinnen recherchierte, kam ich zu dem Schluss, dass die Hauptgründe für ihre tödliche Entscheidung eine private Tragödie oder ein unglückliches Leben waren.

Keine brachte sich einer Idee wegen um, aus Glaubensgründen oder für ihr Volk. Das werden Sie bei der Lektüre dieses Buches feststellen. Sehr oft war es so, dass die Frauen nicht sterben wollten, aber keine Wahl hatten und nicht einmal die letzte Entscheidung ihres Lebens selbst trafen – das Auslösen des Sprengmechanismus.

Die palästinensischen Selbstmordattentäterinnen wollten bekanntlich Rache für die Leiden ihres Volkes üben. Der erste weibliche Kamikaze, die 28-jährige Wafa Idris, die sich in einer israelischen Diskothek in die Luft sprengte, war ledig und arbeitete als Krankenschwester in einem palästinensischen Flüchtlingslager. Jeden Tag sah sie mit an, wie Israelis mit palästinensischen Kindern umgingen und konnte sich nicht damit abfinden.

„Möglicherweise hat sie ihr täglicher Umgang mit verwundeten Palästinensern auf diesen Gedanken gebracht. Sie wollte ihrem Volk helfen. Sie war eine Tochter Palästinas", sagte Wafas Mutter in einem BBC-Interview.

Die palästinensischen Frauen lösen die Explosion stets selbst aus. Sie bringen die von ihnen begonnene Sache zu Ende. Hier das Beispiel eines der bekanntesten Terroranschläge im Nahen

Osten: Im Oktober 2003 sprengte sich eine palästinensische Selbstmordattentäterin im Restaurant „Maxim“ im Süden von Haifa in die Luft. Um in das Restaurant hineinzukommen, hatte die 29-jährige Hanadi Jaradat sogar einen Wächter umgebracht.

Wie entschlossen sie gewesen sein muss.

In Russland sterben die tschetschenischen Selbstmordattentäterinnen gewöhnlich nicht von eigener Hand. Sie werden aus der Entfernung in die Luft gesprengt. Sie werden auf gemeinste Weise umgebracht, die Selbstmordattentäterinnen. Und das ist die unnachahmliche, schreckliche – russisch-tschetschenische – Handschrift.

Die Schahidinnen des Nahen Ostens kann man an einer Hand abzählen. In Palästina sieht man ihre Gesichter auf Postkarten und Plakaten, und an jeder Ecke wird geschrien: „Sie starben für ihr Volk!“

Doch in Russland wird geschwiegen. Peinlich berührt geschwiegen. Niemand will die Namen der Frauen kennen, niemand weiß, warum sie sich entschlossen haben zu sterben. Die Eltern schauen weg, wenn man nach ihren toten Töchtern fragt. Eine Selbstmordattentäterin zu sein ist in Palästina eine Ehre, hier jedoch eine Schande. Alle schweigen, als hätte Russland keine blutigen Tage erlebt, als es hunderte von Geiseln und Opfern des Sturmes auf das Musicaltheater „Nord-Ost“ zu Grabe trug, Passanten, Jugendliche, die zu einem Rock-Festival gekommen waren, Menschen, die mit der Metro zur Arbeit fuhren.

An die vierzig Selbstmordattentäterinnen mit „Schahid-Gürteln“ und hunderte und aberhundert Getötete – das wäre sogar für Palästina viel. Mütter, Frauen, Schwestern, Töchter. Und wenn Sie die letzte Seite dieses Buches umblättern, werden Sie verstehen, warum ich all dies SCHREIBEN MUSSTE. Man kann DAS nicht verschweigen und schamvoll verhüllen. Es ist ein schreckliches Leid, das man herausschreien möchte …

Was also geschah im Jahr 2000, als die zarte Chawa Barajewa in einem mit Sprengstoff gespickten Lastwagen auf einen Militärposten der russischen Streitkräfte in Tschetschenien zusteuerte und damit zur ersten Schahidin ihres Landes wurde?

Was ist aus den tschetschenischen Frauen geworden?
Was ist aus uns allen geworden?
Warum schweigen wir?

Ich schreibe über die Kamikaze–Frauen, die mein Land in die Luft gesprengt haben. Ich will Ihnen erzählen, wer sie sind. Ich will, dass Sie jede von ihnen genau kennen lernen. Dass Sie wissen, wie und WARUM sie sich in die Luft sprengen.

„Was willst du über sie schreiben? Willst du sie etwa rechtfertigen? Ich hasse sie, ich verfluche sie … Sie haben meinen Sohn getötet. Sollen das etwa Frauen sein?!"

Sie sind Frauen. Genauso wie wir. Und unsere Tränen sind gleich bitter.

Darüber habe ich dieses Buch geschrieben.

Teil 1
Sie waren die Ersten.
(2000-2002)

Wer waren sie, die ersten tschetschenischen Selbstmord-attentäterinnen? Für wen oder wofür gingen sie in den Tod? Denn immerhin waren sie es, deren Beispiel alle anderen folgten. Es mag paradox klingen, doch der Grund für ihren Wunsch zu sterben war kein religiöser Fanatismus! Diese Frauen verband eines: der Schmerz einer tragischen Liebe. Nicht nur das Schießpulver zerfetzte sie, sondern auch persönliches Leid und Verrat an ihrer Person …

„Und doch gibt es Leute,
die neben Allah
Ihm angeblich Gleiche setzen
und sie lieben, wie man Allah lieben soll."

Koran, Sure 2, Vers 165

CHAWA BARAJEWA
„Ich starb im Namen von Allah und Arbi."

Dieses junge Geschöpf wurde mit seinem Todestag zur Legende.

Juni 2000. Das Dorf Alchan-Kala. Die 17-jährige Chawa wird vor ein Kameraobjektiv gestellt.

Das kleine, nicht besonders hübsche Mädchen mit Kopftuch spricht lebhaft:

„Schwestern, unsere Stunde ist gekommen! Wenn die Feinde fast alle unsere Männer umgebracht haben, unsere Brüder und Ehemänner, dann können nur wir für sie Vergeltung üben. Die Stunde ist gekommen, da wir die Waffe in die Hand nehmen und unser Haus und unser Land vor denen verteidigen müssen, die uns den Tod ins Haus gebracht haben. Und wenn wir dafür

Schahidin auf dem Weg Allahs werden, keiner hält uns auf. Allah Akbar!"

Die winzige Chawa, die einem Vögelchen gleicht, das sein letztes Lied gesungen hat, klettert die Stufen zum Führerhäuschen des KAMAS hinauf und setzt sich hinters Steuer. Ein furchtloses Gesicht. Wenn man etwas aufmerksamer hinschaut, scheint es, als wären ihre Augen irgendwie gläsern. Tote Augen, die weder Furcht noch Zweifel kennen.

Da sitzt sie hinterm Steuer. Jemand neben ihr filmt alles konsequent bis zur letzten Sekunde. Der Lkw jagt dahin. Vorne – ein Militärposten. Als man dort den rasenden Lkw bemerkt, kommt Panik auf, Schreie sind zu hören und Schüsse. Das Bild wackelt und erlischt. Eine Detonation.

Als ich die Kassette auslaufen lasse, erscheint unerwartet eine Fortsetzung, als hätte es keine Pause vor dem Schnitt gegeben.

Die Aufnahme ist aus etwa hundert Meter Entfernung gemacht worden. Die letzten Sekunden des Lkws. Ein schreckliches Krachen. Eisenstücke fliegen durch die Luft. Und zusammen mit ihnen menschliche Körper. Während sie in Bruchteilen von Sekunden zu Boden fallen, verwandeln sie sich in abgerissene Arme, Beine und Köpfe.

Als die tollkühne Chawa in Stücke gerissen wurde, haben Männer hinter Büschen gestanden und das Geschehen gefilmt. Später geriet die Videoaufzeichnung von dem schrecklichen Tod der Omsker OMON-Männer und zweier minderjähriger Mädchen auf unverständliche Weise an den FSB.

Doch das Schrecklichste war nicht die Tatsache, dass dieses Sterben gefilmt und später dem russischen Geheimdienst übergeben wurde. Es war etwas anderes: Der Vollstrecker dieses abscheulichen Verbrechens, des ersten Falles weiblichen Schahidentums in der tschetschenischen Geschichte, Arbi Barajew, hatte, um seinen Auftrag zu erfüllen, seine eigene Cousine nicht verschont.

Er hatte ihren Tod nach allen Regeln der Kunst inszeniert. Vor ihrem Tod hatte man Chawa zu Hause gefilmt, wie sie demütig auf einem Sofa sitzt, aus dem Koran vorliest und dann auf Fragen über den Sinn von Leben und Tod antwortet. Chawa wurde

auch hinter dem Steuer des Lkws gefilmt – eine Probe. Dann filmten sie das Eigentliche, das Ende – die auswendig gelernten Worte über den Tod, das Paradies und den heiligen Kampf der Muslime.

Ihr Cousin, ein Mann, hatte dieses Mädchen verbrennen lassen – das Vögelchen im Sprengstofffeuer. Er hatte kein Erbarmen. Er schreckte nicht davor zurück. Wie konnte er nur? Wie freiwillig stimmte die junge Chawa ihrem Tod zu?

Meine tschetschenische Freundin Fatima, die mit Arbi Barajew, dem bekanntesten Geiselnehmer Tschetscheniens, bis zu seinem Tod 2001 in Alchan-Kala in einer Straße gewohnt hatte, erzählte mir von Chawa:

„Eigentlich heißt Chawa nicht Barajewa, sondern Schanssurkajewa. Sie lebte in Alchan-Kala wie Arbi und war Halbwaise: Ihre Mutter war vor vielen Jahren gestorben, und so zog sie ihr Vater groß. Er arbeitete als Sicherheitstechniker in einem Holzverarbeitungskombinat, war ein anständiger und gutmütiger Mensch.

Bis 1998 trug sie normale Kleidung und sah aus wie ein modernes Mädchen. Doch dann nahm Arbi sie zu sich, zur Erziehung sozusagen und als eine Art Vormund.

Dann sah ich sie erst 1999 wieder, an einer Bushaltestelle in Grosny. Sie trug ein langes dunkles Kleid, Hosen und ein Kopftuch, die typische Kleidung der Wahhabitinnen. Damals dachte ich noch: Das war's, nun hat Arbi sich ans Werk gemacht.

Im Dorf habe ich viel über sie gehört, ich kannte ihren Vater gut.

Nachdem Arbi sie zu sich genommen hatte, lebte sie auch in seinem Haus. Dieses Mädchen war sehr einsam – keine Mutter, die Schwester hatte in ein anderes Dorf geheiratet, zu ihrem Vater konnte sie wegen unserer Traditionen keine enge und vertrauliche Beziehung haben.

Sie hat sich in Arbi verliebt. Er war ja schön wie ein Teufel, alle Frauen verliebten sich in ihn, wenn sie ihn nur sahen. Weißt du, er hatte etwas unerklärlich Anziehendes. Er sah einem direkt in die Augen, nahm einen bei der Hand, sagte leise etwas – und schon war's passiert. Du hast nichts mehr gehört oder gesehen – nur seine Hände, die leisen Worte und seine schwarzen Augen.

Sein blutiger Ruhm verlieh ihm etwas Geheimnisvolles und unerklärliche Macht über Menschen. Seit Selimchan Jandarbijew ihn zu seinem ‚Nachfolger' erklärt und ihn in Tschetschenien als Stellvertreter gelassen hatte, sprachen alle Tschetschenen nur noch von ihm. Und Arbi war immer von Frauen umgeben. Sie waren alle gern bereit, ihm zu dienen. Als er sich verstecken musste, nicht vor den Euren (den Russen, Anm. d. Autorin), sondern vor den Unsren, die zur Jagd auf ihn aufgerufen hatten, waren es Freundinnen und weibliche Verwandte, die ihm halfen.

Auch starb er umgeben von Frauen. Er war schwer verletzt, konnte kaum noch sprechen, schaffte es aber noch, zu sagen: ‚Dekal chila wola so', was übersetzt soviel bedeutet wie: ‚Ich sterbe nicht, ich werde glücklich sein.'

Er hat alles inszeniert, jeden seiner Schritte, sein Leben und seinen eigenen Tod mit Allah und dem Paradies ausgeschmückt. Und emotionale Frauen, die leicht zu beeindrucken waren, haben sich daran begeistert.

Man sagt, er habe Gefangenen den Kopf abgeschnitten, Menschen entführt. Wahrscheinlich stimmt das.

Doch die Frauen, die ihn liebten, haben das nicht geglaubt. Denn im Umgang war er ganz anders. Ruhig, wortkarg und immer bereit zu helfen, wenn man ihn um etwas bat.

Ich hatte eine Freundin, die Schwester von Arbi, Larissa, sie lebt jetzt in Baku. Weißt du, was sie erzählte? ‚Man ging weinend zu Arbi, weil der, den man liebte, nichts von einem wissen wollte. Dann setzte er sich dir gegenüber, nahm deine Hand in seine und weinte mit dir. Er tröstete dich und sagte Worte, die nicht jede Frau finden würde. ‚Weine nicht, Schwester, Allah sieht dein Leiden, er wird dir sicherlich helfen.'

Kannst du dir vorstellen, wie er war? Die Frauen liebten ihn grenzenlos, ohne jede Hemmung. Er hatte viele Frauen: vier offizielle Ehefrauen, die alle zusammen in derselben Straße lebten, und noch viele mehr, von denen wir nichts wissen ...

Chawa lebte in Arbis Haus, und es gibt Gerüchte, dass sie mit ihm auch das Bett teilte. Bald war sie ihm vollkommen verfallen.

Arbi begann das für seine Interessen auszunutzen. Er machte aus ihr eine glühende Wahhabitin, eine irre Gläubige. Er bereitete sie darauf vor, Schahidin zu sein – das hatte es in Tschetschenien nie zuvor gegeben. Für den ersten Versuch brauchte er eine Frau, derer er sich hundertprozentig sicher sein konnte. Eine, die seinetwegen in den Tod gehen würde. Und das war Chawa.

Dass etwas Ungutes sich anbahnte, haben alle bemerkt. Eines Tages ging Chawas Vater, nachdem er sich Mut angetrunken hatte, zu Arbi und bat ihn, seine Tochter in Ruhe zu lassen.

Arbi machte irgendeinen Witz, klopfte ihm auf die Schulter und schickte ihn fort.

Chawas Vater war mit meinen Eltern befreundet, einmal kam er und beklagte sich, dass Arbi seine einzige Tochter geradezu hypnotisiert habe. ‚Die Ältere hat geheiratet und ist weggezogen, meine Frau ist tot, nur Chawa habe ich noch, was denn, will er mir sie auch noch wegnehmen?‘

Und nun, ein Jahr später, im Juli 2000, erfuhr ich, dass Chawa sich selbst und noch ein Mädchen in die Luft gesprengt hat. Arbi wurde von allen verurteilt! Chawas Vater verfiel danach völlig der Trunksucht. Er saß auf ihrem Grab und weinte wie ein Kind: ‚Mein Mädchen, warum hast du das bloß getan? Wie konntest du mich Greis allein lassen!‘

Arbi verfluchte er. Später dann, im Oktober desselben Jahres, beerdigte man auch ihn. Er starb auch irgendwie seltsam, und daran wurde, um ehrlich zu sein, ebenfalls Arbi die Schuld gegeben.“ Das alles erzählte mir Fatima.

In den zwei Jahren, die sie bei Arbi lebte, half Chawa, die Mitstreiter ihres Bruders oder andere Rebellen aus dem Dorf zu beerdigen. Sie liebte Arbi und glaubte alles, was er sagte. Er konnte eindrucksvoll reden und entzündete ihr junges Herz und ihre Seele.

Chawa war ein rührendes Kind, das aufrichtig daran glaubte, es könne mit seinem Tod das Los seines Volkes erleichtern. Zeugen können sich erinnern, dass ungefähr eine Stunde, bevor sich der mit Sprengstoff beladene Lkw in den russischen Militärposten rammte, Chawa auf den Markt kam, um Obst zu kaufen und zu den Marktfrauen sagte: „Ich mache mich auf in den Gasawat. Bald werdet ihr von mir hören!“

Sie glaubte, dass Allah sie im Paradies empfangen werde und sie dort Glück und Frieden erwarteten. Arbi hatte gepredigt, dass das Leben auf Erden Leiden auf dem Weg ins Paradies sei.

Damit Chawa auf dem Weg ins Paradies nicht zauderte, gab Arbi ihr sicherheitshalber Psychopharmaka. Meine Freundin Fatima bestätigt, dass Arbi ständig mit Drogen zu tun hatte:

„Einer von Arbis Rebellen machte sich an mich heran, er hieß Roman. Oft kam er mit roten, glasigen Augen zu mir, er hatte fast immer Schnupfen. Im Dorf wusste man, dass Arbi sowohl Kokain schnüffelte als auch Tabletten schluckte. Er hatte immer die coolsten Drogen. Und die Mädchen – seine Frauen – kriegten auch manchmal was davon ab. Man sagt, dass er perversen Sex mochte, und unsere Tschetscheninnen, von Natur aus ein bisschen verklemmt, wurden durch die Tabletten enthemmt. Roman hat mir mal davon erzählt: Der Arbi hat Vitaminpillen, von denen einem leicht und froh wird. Als würde man irgendwo im Himmel schweben."

Sie hätten Chawas Augen in den letzten Minuten ihres Lebens sehen müssen! Als wäre sie nicht mehr hier, sondern bereits irgendwo im Himmel, im Paradies, wo alles leicht und frei ist. In ihrem Blick wird das Bild von Arbi für immer erstarren, sie hat ihn geliebt, und er hat sie verraten.

Denn sie hat ihm ja vertraut. Und sie hat ihm bewiesen, dass sie nicht zurückschreckt, dass sie dazu fähig ist, dass ihr Glaube an den Allmächtigen dem seinen in nichts nachsteht. Denn er hatte ja die ganze Zeit an ihr gezweifelt, an der Aufrichtigkeit ihrer Gefühle, an der Kraft ihrer Liebe zu ihm, Arbi, und zu Allah.

An jenem verhängnisvollen Tag war Chawa nicht allein in dem Lkw gewesen. Neben ihr saß noch ein betrogenes Mädchen – die 16-jährige Luisa Magomadowa.

Morgens war sie aus dem Haus gegangen, um die Abschlussprüfung in der Schule abzulegen. Ihre Mutter wusste von der Prüfung und ließ die Tochter leichten Herzens gehen.

Doch die schöne Luisa, ein blauäugiges Mädchen mit blonden, langen Locken, machte sich auf den Weg zu einer Prüfung ganz anderer Art.

Es war nicht die erste, aber es wurde die letzte ihres Lebens.

Sie unterzog sich einer Prüfung auf Standhaftigkeit, auf Entschlossenheit. Sie unterzog sich einer Prüfung ihres Glaubens an Allah, indem sie Arbi bewies, wozu sie fähig war – um Allahs willen zu sterben und keinen Rückzieher zu machen. Um so mehr, als neben ihr im Führerhäuschen des Lkws ihre Freundin Chawa saß.

Zu zweit hat man weniger Angst, selbst wenn man zum Herrgott zu Besuch will.

Diese Mädchen – Chawa und Luisa – wurden die ersten „Bräute Allahs“ in Russland.

Warum „Bräute“? Allah hat keine Frauen, keine Bräute, werden Sie sagen. Das stimmt alles. Dieses Wort wurde von dem Araber Jasir eingeführt, einem der Terroristen, die das Musicaltheater „Nord-Ost“ besetzt hatten. Als er sich im Gebäude des Theaterzentrums befand, rief er einen seiner Helfershelfer draußen an und fragte: „Wo ist die Hochzeit?“

Hochzeit – das ist ein Terroranschlag unter Beteiligung einer „lebenden Bombe“. Wenn sie sich auf der „Hochzeit“ in die Luft sprengen, machen sie sich auf in den Himmel. Von daher kommt die Bezeichnung der „Bräute Allahs“.

Also, Chawa und Luisa sind die ersten Schahidinnen in der Geschichte Tschetscheniens und Russlands. Doch Lieder und Gedichte werden nur zu Ehren einer von ihnen verfasst, die einen gewaltigen und bekannten Familiennamen trug.

„Dieses Lied ist dem Gedenken an Chawa Barajewa und unserer anderen Schwestern gewidmet, die Schahidinnen auf dem Weg Allahs wurden:

‚In Alchan-Kala steht der Feind –
dreist, mit wodkatrunk'nem Blick.
Doch schlägt der Tod die Glocken vereint
mit einer Tschetschenin, seinem Geschick.

Ein Laster rast zur Kommandantur
Mit einer Bombe, einem Leben.
Chawa war es, die da fuhr,
bereit, ihr Leben opfernd hinzugeben.

*Verwandelt ganz in blanken Hass
Lenkt sie den Wagen auf das Haus.
Da hämmerte in ihren Schläfen was –
Die letzten Worte sprach sie leise aus.*

*Wird von oben Segnung kommen
auf dies Eiland flücht'gen Lebens,
heute wird es noch genommen
unsern Schwestern nicht vergebens?!*

*Auf dem Altare unsres Krieges
Sind nur die Besten unsre Opfer.
Dort, wo der Tod frönt seines Sieges
Bleibt nichts als Warten in den Köpfen.*

*‚Da ist das Ziel!' – ertönt ein Schrei
von einer Russenbestie scheußlich.
Den hitz'gen Fahrer traf das Blei
Aus dem Gewehrlauf seines Feindes.*

*Einschlag! Des Schmerzes Explosion
bedeckt mit Rauch und Beben
die Kommandantur und schon
krochen die Feinde um ihr Leben.*

*Es schluckte der Feind den tödlichen Sud
und weder Kugeln noch Kniffe halfen.
Sie stiegen hinab voll schwarzer Wut,
kamen zur Hölle wie Vieh gelaufen.*

*Wird von oben Segnung kommen
auf dies Eiland flücht'gen Lebens,
heute wird es noch genommen
unsern Schwestern nicht vergebens?!*

*Auf dem Altare unsres Krieges
Sind nur die Besten unsre Opfer.
Dort, wo der Tod frönt seines Sieges
Bleibt nichts als Warten in den Köpfen.*

Doch der Tschetschenen edle Tochter Chawa
Ward zu Schahidin auf dem Weg Allahs
Des Muslims Glaube ist der wahre
Numider fühlen keinen Schmerz.

Tschetschenien – Heimat voller Blut,
bist rot vom Saft des Lebens.
Die Schwestern starben in der Flammen Wut,
doch keins der Opfer war vergebens.

Auf Chawa wartet höherer Segen,
in Eden strahlend Licht und Glanz.
Es gehen viele auf des Schahids Wegen,
und der Dschihad kommt – Befreiung des Vaterlands.

Wird von oben Segnung kommen
auf dies Eiland flücht'gen Lebens,
heute wird es noch genommen
unsern Brüder, Schwestern nicht vergebens?!'

Dem möchte ich nur eins hinzufügen: „Das Lied von Chawa" wurde zur Hymne für künftige Schahidinnen. Mit diesem primitiven Liedchen wächst eine neue Generation tschetschenischer Mädchen heran, die nichts als Krieg erlebt haben.

Ich schreibe in meinen Notizbuch die Geschichten dieser Mädchen auf und denke über die Männer nach, über den verhängnisvoll schönen Arbi, der Soldaten die Kehle durchschneiden und mit einer von ihrem Freund verlassenen Schwester schluchzen konnte. Hier waren wahrhaftig Gott und Teufel in einer Person vereint.

Man kann sich so leicht verstricken, wenn man 16 oder 17 Jahre alt ist. Und wer hätte gedacht, dass hinter dem ersten Terroranschlag in der russischen Geschichte, welcher von einer Kamikaze-Frau begangen wurde, eine unglückliche Liebe, Drogen und der Verrat eines Mannes stehen?

Doch in der Geschichtsschreibung haben Tränen und menschliche Tragödien keinen Platz.

Chawa wurde zerfetzt, ihr Vater starb auf ihrem Grab. Luisas

Mutter führt ein kärgliches Leben in Armut, treibt Handel auf einem Markt in Inguschetien. Eine kleine Frau, Gott weiß, womit sie das Schicksal erzürnte und dadurch ihre geliebte jüngste Tochter verlor.

„Das ist mein Leid, meine Schande, dass ich sie nicht davor bewahren, nicht zurückhalten konnte. Wen interessiert mein Leid? Mein Mädchen wurde umgebracht, von den eigenen Leuten. Mein Leid interessiert niemanden. Wo soll ich damit hin?"

Nirgendwohin. Es gibt keinen Platz dafür. Ihre Tochter wurde nach ihrem Tod „Beschützerin ihres Volkes" genannt, Schahidin und Märtyrerin – doch wem hilft das?

Und manche werden sagen: Wofür hat sie sich in Fetzen sprengen lassen? Und für wen?

AISA GASUJEWA

„Eine Schmach, die man nur mit Blut vergelten kann"

Am 29. November 2001 wurde Aisa in ihrem heimatlichen Urus-Martan 100 Meter von ihrem elterlichen Haus entfernt von einer Explosion zerrissen.

„Ich kam am Abend nach Hause, nach meiner Schicht auf der Baustelle. Ich war gerade hereingekommen und hatte mir die Schuhe ausgezogen, da klopfte es an der Tür. ‚Hat sich deine Tochter an der Kommandantur in die Luft gesprengt?'

Ich verstand gar nichts. ‚Was reden Sie da?', sagte ich und bekam zur Antwort: ‚Gehen wir zur Identifizierung.'

Meine Frau und ich gingen zu Tode erschrocken zur Kommandantur. Soldaten riefen uns zu einer Menschenmenge, wir kamen näher, und dort … Sie haben sie nicht einmal zugedeckt …", der alte Wacha Gasujew schluchzt.

„Von meiner Tochter war nur der Kopf übrig. Die Haare waren wirr, als hätte der Wind sie zerzaust. Meine Frau fiel in Ohnmacht. Sie wurde versorgt und kam wieder zu sich, ich packte derweil unsere Tochter in eine Tüte. Außer dem Kopf waren noch eine Schulter und ein Finger übrig. Ich packte alles ein. Fünf bis sechs Kilogramm waren von Aisa übrig geblieben, nicht mehr. Wir gingen nach Hause … Ich weinte, meine Frau weinte, nur Aisa weint nicht mehr. Nur der Kopf und ein Finger sind von ihr übrig geblieben …“

Am 29. November hatte Aisa Gasujewa sich Sprengstoff umgebunden und war zur Militärkommandantur gegangen. Sie war in lange, weite Kleidung gehüllt, ging auf und ab und erwartete den Kommandanten Geidar Gadschijew. Kaum war er angekommen, stürzte Aisa ihm entgegen.

Gadschijew hatte seine Wache dabei und meinte, dass von einer jungen Frau nichts zu befürchten sei. Vor der Kommandantur standen sie oft tagelang und forderten ihre inhaftierten Männer oder Söhne zurück.

„Einen Moment“, schrie Aisa und stieß den Leibwächter beiseite. Schon folgte die Detonation. Ein gewaltiger Knall, Rauch, Schreie, Blut. Aisa wurde in Stücke gerissen, einige Wachmänner starben auf der Stelle, der schwer verletzte Gadschijew wurde eilig ins Krankenhaus gebracht.

Seine Rettung schlägt dennoch fehl. Zwei Tage später erliegt er im Rostower Hospital seinen Verletzungen.

Die junge Tschetschenin hat ihr Ziel erreicht – sie nahm den Todfeind mit sich ins Jenseits, den Menschen, um dessentwillen sie die letzten vier Monate gelebt hatte.

Doch was hatte Gadschijew diesem schönen Mädchen getan, dass es sogar sein eigenes Leben opferte für seinen Tod?

Vier Monate zuvor hatte der Kommandant des Rayons Urus-Martan bei grausamen Säuberungsaktionen im Dorf auf der Suche nach bewaffneten Wahhabiten Aisas Mann gefangen genommen.

Sie hatten gerade erst sieben oder acht Monate zusammengelebt. Die jungen Leute liebten einander und wollten keinen Tag mehr voneinander getrennt sein.

Und nun die Säuberung. Man nimmt Alichan, Aisas Mann, gefangen. Später geben die Soldaten sogar widerwillig zu: Ja, wir nahmen ihn versehentlich mit. Mit den Wahhabiten hatte Alichan nichts zu tun.

Irren ist menschlich. Man hätte die Sache in Ordnung bringen und ihn freilassen können.

Doch es kam anders.

Gadschijew, ein strenger und entschlossener Mann, sorgte in Urus-Martan tatsächlich für Ordnung. Die Höhle der Wahhabiten, die in ganz Tschetschenien von sich reden machte, war fast ausgeräuchert.

Doch wie es so ist, wenn man für Ordnung sorgt, sollte man nicht übertreiben …

Gadschijew kannte kein Erbarmen. Selbst als er begriff, dass der Junge nicht der Gesuchte war, ließ er ihn nicht frei.

Im Krieg herrschen Grausamkeit und Gesetzlosigkeit der Macht.

Alichan wurde gnadenlos verprügelt. Sie verunstalteten ihn dermaßen, dass kein Fleckchen mehr heil an ihm war. Doch der Junge war immer noch am Leben.

Das, was nun geschah, wurde mir später im Innenministerium der Republik „unter dem Siegel der Verschwiegenheit" erzählt. Der in Fahrt gekommene Gadschijew befahl, die junge Ehefrau in die Kommandantur zu holen.

Aisa wurde hereingebracht. Als sie ihren entstellten Mann sah, begann sie zu schluchzen und um seine Freilassung zu flehen.

Doch Gadschijew … Er schlitzte Alichan den Bauch auf, packte Aisa bei den Haaren und stieß ihren Kopf in seine Gedärme.

Alichan starb vor ihren Augen. Qualvoll keuchte und stöhnte er. Und sie, die 20-jährige Aisa, überströmt vom Blut ihres Mannes, konnte nichts tun.

Einige Monate versuchte das Mädchen, das Erlebte irgendwie zu verarbeiten. Doch es gelang ihr nicht. Und dann war ja auch kurz zuvor ihr Bruder umgekommen.

„Auch mein Sohn, Aisas Bruder, wurde umgebracht, kurz bevor ihr Mann getötet wurde. Der erste Krieg hatte ihn zum Invaliden gemacht, er war auf eine Mine getreten. Man musste ihm das Bein amputieren, damit er überlebte, der Wundbrand hatte eingesetzt. So saß er lange Zeit zu Hause und kurierte sein Bein. Dann stellte er sich auf Krücken und bat uns, durchs Dorf spazieren zu dürfen. Es war gerade Frühling, alles war so schön, die Bäume blühten. Wir ließen ihn gehen. Er kam gerade bis zur Busstation. … Dort saßen Soldaten … Sie machten sich über ihn lustig: ‚Reicht es dir nicht, dass dir ein Bein abgerissen wurde, wo willst du noch hinhüpfen?‘ Und sie erschossen ihn. Zum Spaß.“

Dem alten Wacha fällt es schwer, zu sprechen, er gerät immer wieder ins Tschetschenische und fragt meinen Begleiter: „Wird sie auch nichts Schlechtes tun? Was interessiert sie unser Leid? Was wird sie schreiben?“ Der beruhigt den Alten und sagt, ich sei in Frieden gekommen.

„Wacha, hat Aisa sich sehr verändert nach dem Tod ihres Mannes und ihres Bruders?“

„Ja, sehr. Sie wurde ganz finster und schweigsam. Doch ich habe nie etwas mit ihr besprochen, bei uns ist es nicht üblich, dass Vater und Tochter miteinander reden. Fragen Sie besser ihre Mutter.“

Die Mutter lebt in Inguschetien in einem Flüchtlingslager. Dort können Tschetschenen wenigstens ein bisschen Geld fürs tägliche Brot verdienen.

Ich fahre dorthin, treffe jedoch nicht sie an, sondern Aisas Schwester, eine langbeinige Schönheit, die kein Russisch spricht, und ihre Tante Jachita.

Aus jedem Winkel springt einem die Armut entgegen. Die Frau hat löchrige Strümpfe an. An Lebensmitteln gibt es nur Mehl und Wasser, woraus sie Fladen backen wollen.

„Ach, wissen Sie, mir tut das Mädchen so Leid!“, seufzt sie. „Ihr Leid wurde von jemandem ausgenutzt, jemand hat ihr den Sprengstoff umgeschnallt, jemand hat sie auf diesen Gedanken gebracht. Nachdem man ihren Mann Alichan umgebracht hatte, wurde sie finsterer als die Nacht. Oft ging sie irgendwo hin, wurde immer schweigsamer und begann öfter von Allah und dem Paradies zu sprechen. Dann schwieg sie längere Zeit, und dann fragte sie plötzlich: ‚Jachita, was denkst du, ist Alichan in den Himmel gekommen?‘ Wir seufzten und sagten: ‚Natürlich ist er ins Paradies gekommen, Mädchen, er war doch vor Allah unschuldig und hat solche Qualen vor seinem Tod erlitten.‘ Sie hört zu, scheint sich zu beruhigen, und wieder denkt sie über etwas nach … Als sie sich in die Luft sprengte, haben wir sofort den Namen des Mannes erfahren, der sie darauf gebracht hatte. Wie sich herausstellte, ist er gleich nach Alichans Tod aufgetaucht und hat sie überredet, den Tod ihres Mannes zu rächen. Er hatte ihr religiöse Bücher zu lesen gegeben und sie irgendwohin gebracht, wo sich anscheinend solche Unglücklichen zusammenfinden.

Wie ein Geier hat er sich auf sie gestürzt, als man davon erfuhr, auf welche Weise Alichan umgebracht worden war. Anscheinend hat er gleich begriffen, dass so eine nun zu allem bereit ist.

Sie hat ihren Mann so geliebt, wenn Sie wüssten, wie sehr. Sie konnten sich nicht voneinander losreißen. Sie waren jung, schön. Und das alles zu zerstören …"

Als Gadschijew starb, erhielt jener Mann 200 000 Dollar von Schamil Bassajew, der für die Finanzierung der Terroranschläge zuständig ist.

Aisas Familie bekam keinen Groschen – nur ihren abgerissenen Kopf … Doch in dem Moment, als sich Aisa den Weg zum Kommandanten Gadschijew bahnte, dachte sie nicht an ihre Familie, nicht an Geld, das sie von den Menschen hätte bekommen können, welche sie zu diesem Schritt bewegt hatten.

Vor ihren Augen stand der sterbende Alichan; wie man sie an den Haaren gepackt und mit dem Kopf in sein heißes Blut gepresst hatte. Eine Schmach, die nur mit dem Blut des Feindes vergolten werden kann. Ein Leid, das man nicht vergessen kann. Der Geliebte, zu dem man sich schleunigst auf den Weg machen muss.

Aisa war wie eine unaufhaltsame Feuersbrunst, von der die Flammen aufloderten. Sie rächte sich für ihren ermordeten Mann, ihre zertretene Liebe, ihr zerbrochenes Leben – und sie rächte sich an ihrem Peiniger.

Ihre Tat hat mich fasziniert, wie ganz Tschetschenien, wo sie zu einer echten Heldin wurde.

Ja, sie hätte einfach versuchen können, ihren Schmerz zu überwinden und bei Null anzufangen. Sie hätte versuchen können, ein zweites Mal zu heiraten – man hat im Leben ja immer die Möglichkeit sich abzufinden, das Blatt zu wenden und die Vergangenheit zu vergessen.

Schließlich hätte sie sich auch die Venen aufschneiden und leise sterben können. Doch sie wählte einen anderen Weg. Blut für Blut. Ohne zu zaudern schloss sie die Klemmen unter den

Falten ihres Kleides kurz und wusste dabei, dass sie sich binnen einer Sekunde in einen Haufen verbrannten Fleisches verwandeln würde.

Doch die anderen ... Sie waren eben andere. Die jungen Mädchen starben für nichts.

Für eine leere Idee. Für den unsichtbaren Allah. Ihre jungen Köpfe hatte man mit religiösem Unsinn voll gestopft, sie gelehrt, den Feind zu hassen. Es kam auch vor, dass sie – die Kamikaze – keinen anderen Ausweg sahen und mit umgebundenen Sprengstoff angstvoll darauf warteten, wann man FÜR SIE den Sprengmechanismus auslösen würde.

Und wissen Sie, wer ihn auslöste?

Ihre Liebhaber.

Nach einem entsprechenden Szenario spielte sich der Terroranschlag im Polizeirevier des Staropromyslowki-Rayons ab. Er sollte von der 16-jährigen Sarema Inarkajewa ausgeführt werden, die wie durch ein Wunder überlebte.

SAREMA INARKAJEWA

„Ich habe ihn geliebt, doch er hat mich in den Tod geschickt."

Es ist Nachmittag, gegen 15 Uhr. Ein Auto mit zwei Männern und einer jungen Frau zieht unweit des Polizeireviers seine Kreise.

„Hol's der Teufel, er ist immer noch nicht da."

Eine weitere Stunde später.

„Da ist er endlich!"

Der junge Mann dreht sich zu dem Mädchen um.

„Wie geht es dir?"

„Ich habe Angst."

„Beruhige dich. Nun mach schon, du bist doch mutig, ich weiß, dass du es kannst, mach schon! Du wirst nichts spüren. Das ist wie ein Mückenstich, mehr nicht."

Er öffnet die Autotür, gibt dem Mädchen eine schwere Tasche. Der andere Mann holt unterdessen eine Videokamera hervor.

„Trag die Tasche auf der Schulter, klar? Ich werde dich beobachten – also komm nicht auf die Idee, sie von der Schulter zu nehmen!"

„Schamil, Schamil...", das Mädchen ist kurz davor zu weinen. Ihre Augen sehen seltsam aus.

„Schluss, hör auf. Geh."

Und das Mädchen läuft gehorsam auf das Gebäude des Polizeireviers zu, geht hinein, steigt die Treppe hinauf und sucht das Zimmer von Saurbek Amranow. Als sie von der Straße aus endlich nicht mehr zu sehen ist, nimmt sie die Tasche von der Schulter, stellt sie ab und hält inne. Sie weiß nicht, was sie tun soll. Falls sie umkehrt, wird sie getötet, das weiß sie. Falls sie sich ergibt, ist unklar, wer sie töten wird, dieselben oder die anderen. Soll sie sich selbst in die Luft sprengen? Aber ...

Auf dem Flur des Polizeireviers ertönt eine gewaltige Explosion, Rauch macht sich breit, Frauen schreien.

„Auftrag erledigt", sagt der Mann im Auto, der gerade per Fernbedienung den Sprengstoff gezündet hat, welcher in der Tasche des Mädchens lag.

Er lacht zufrieden und schaltet die Kamera aus. In diesem Moment weiß er noch nicht, dass das Mädchen überlebt hat, weil es die Tasche von der Schulter nahm. Er weiß auch noch nicht, dass sein Feind, den er mit der „lebenden Bombe" hatte töten wollen, am Leben ist – das Mädchen hat sein Zimmer nicht betreten.

Der Sprengsatz mit einer Stärke von 7 Kilogramm TNT war nicht vollständig detoniert, sonst hätte er das Polizeirevier in seine Einzelteile zerlegt, und von dem Mädchen wäre kein Fetzen übrig geblieben. Niemand hätte dann auch nur irgendetwas erfahren.

Doch die 16-jährige Sarema war am Leben geblieben. Sie wurde an der Hüfte operiert, man entfernte einen Haufen Splitter, doch das Wichtigste war, dass sie überlebte. Und zu erzählen begann.

Als ich sie fand und sie zu einem Treffen überredete, waren schon vier Monate seit jenem Tag vergangen, an dem sie in die Luft gesprengt werden sollte.

„Alles hatte schon lange vorher damit begonnen, dass Schamil Garibekow sich an mich heranmachte. Ständig lächelte er mir zu und sagte mir, wie schön ich sei. Und dann, das war im Dezember, ging ich eines Tages die Straße entlang, da hält sein Auto, seine Jungs springen heraus und schubsen mich in den

Wagen. Ich konnte mich nicht einmal besinnen. Was habe ich damals gedacht? Ich dachte: Jetzt haben sie dich entführt, jetzt musst du heiraten. Das gibt es schließlich oft bei uns, wir haben derartige Bräuche. Doch ich fing trotzdem an zu weinen, denn alles kam so unerwartet.

Dann brachte man mich in irgendeine Wohnung, dort lebten noch drei weitere Frauen. Das hat mich erschreckt. Die Frauen waren lieb zu mir, sahen aber trotzdem sehr unglücklich aus. Sie hießen Asja, Asset und Elvira.

Ich versuchte Schamil zu erklären, dass ich nicht heiraten wolle, dass man meine Mutter informieren müsse, dass ich keine Sachen dabei hätte. Dann gab man mir zu essen und ich schlief ein. Ich glaube, sie haben mir was ins Essen gemischt, denn in meinem Kopf fing sich alles an zu drehen, meine Arme und Beine wurden schwer und ich schlief ein, obwohl ich davor gar nicht müde gewesen war.

Als ich aufwachte, waren meine Sachen bereits da. Sie waren zu mir nach Hause gefahren, hatten erzählt, ich hätte geheiratet, und meine Mutter hatte ihnen alles mitgegeben.

Ich fragte: ‚Und wann kann ich zu meiner Mutter?'

Schamil antwortete: ‚Niemals, vergiss deine Mutter, du bleibst jetzt bei uns.'

Ich saß da und weinte, die Frauen versuchten mich zu beruhigen.

Am Abend kam Schamil zu mir, und ich habe mit ihm geschlafen. Als wäre ich seine Ehefrau. Wenn ich weinte, schrien seine Leute mich an. Und dann mischten sie mir immer öfter etwas ins Essen, gaben mir irgendwelche Tabletten, von denen man ganz ruhig wurde. Alles war einem dann gleichgültig. Ich begriff, dass ich da nicht mehr rauskomme. Die Frauen ließen mich nicht aus dem Haus, sie bewachten mich, obwohl sie selbst unglücklich waren. Einer von den Jungs war fast immer da. Dann fing ich an zu kochen und für die vier Männer, die in der Wohnung wohnten, die Wäsche zu waschen.

Erst habe ich für sie gewaschen, dann fing ich an, mit allen zu schlafen. Sie sagten: Er ist mein Bruder und heute schenke ich dich ihm. Denkst du, man hätte mich gefragt oder überredet? Er kam rein, schlug mir ins Gesicht, warf mich aufs Bett, und das war's.

Dann beobachtete ich, dass mit den Frauen irgendetwas Schlimmes geschah. Man schloss sie in ein anderes Zimmer ein und wollte sie zu irgendetwas überreden. Sie weigerten sich, schrien und sagten, dass sie das nie tun würden.

Ich schwieg. So schlug mich wenigstens niemand. Oft war ich verschlafen, schlapp, die haben mir ganz bestimmt etwas gegeben. Mir war bereits völlig egal, was passierte. Die Jungs hatten immer viele Waffen – Maschinenpistolen, Revolver, Granaten. Mein Schamil arbeitete bei der Miliz, deswegen kam ich zunächst nicht auf den Gedanken, dass er Wahhabit sein könnte. Erst später gab er mir irgendwelche Bücher zu lesen – wahhabitische. Wenn ich dabei war, sprachen sie nicht – entweder holten sie nur ihre Waffen und gingen, oder sie sprachen über etwas anderes.

Asja und Asset waren die Ehefrauen der anderen Jungs in dieser Wohnung. Sie weinten immer öfter, doch in meiner Gegenwart besprachen sie gar nichts. Eines Tages machte mich Schamil seinem ‚Chef' Chalid Sedajew zum ‚Geschenk'. Am nächsten Morgen sprach Chalid mit Schamil über mich. Danach kam Schamil zu mir, schloss die Tür und sagte, dass er einen wichtigen Auftrag für mich habe: Ich solle seinem Kompagnon eine Tasche übergeben. Ich begriff sofort, dass hier etwas nicht stimmte. Ich sagte: ‚Und warum gibst du sie ihm nicht selbst?'

‚Nein', sagte er, ‚mich darf niemand sehen, wie kann ich ihm da die Tasche bringen.'

‚Und was ist da Besonderes drin?'

‚Das geht dich nichts an. Du gehst einfach in sein Dienstzimmer hinein und sagst, dass man dich gebeten hat, ihm das zu übergeben. Das ist alles.'

‚Und warum weinen die Mädchen in ihrem Zimmer? Hast du sie auch gebeten, die Tasche dahin zu bringen?'

Er wurde fürchterlich böse. Er sagte, dass ich es am 5. Februar tun müsse. Ich antwortete, dass ich niemandem irgendetwas übergeben wolle. Er lachte spöttisch und sagte: ‚Du wirst es tun, darum kommst du nicht herum.'

In diesem Moment dachte ich: Nichts wie weg. Doch dann fragte ich mich, wohin nur? Zu Hause finden sie mich sofort und bringen mich um. Wohin also sollte ich fliehen?

Bis zum 5. Februar waren noch einige Tage Zeit, man brachte mich zum Markt zum Einkaufen. Als ich zurückkam, waren die Frauen nicht mehr da. Ich hatte gleich das Gefühl, dass etwas passiert war. Ich ging durch die Wohnung und hatte fürchterliche Angst! Ich sagte zu Schamil: ‚Wo sind die Frauen hin?' Er sagte: ‚Weg sind sie, für länger.' Doch ich wusste ja, dass sie nicht vorhatten wegzufahren, davon hatten sie mir kein Wörtchen gesagt, schweigsam und verweint waren sie am Morgen gewesen.

Mir wurde schlecht. Ich kochte das Essen und weinte. Die Männer begriffen offenbar, dass ich mich sehr aufregte und gaben mir irgendwelche Tabletten – ‚zur Beruhigung', wie sie sagten.

Jene Tage verliefen wie in einem Albtraum. Mir kam es so vor, als würde ich im Gehen schlafen. Mein Kopf tat grauenvoll weh. Früher hatte ich Schamil ja geliebt, er hatte mir den Hof gemacht und ich hatte geglaubt, das wäre echt.

Der 5. Februar, ein Montag, war für mich das Ende. Jeder Mensch hat einen Geburtstag. Er weiß, wann das ist und feiert ihn. Und ich kannte meinen Todestag.

Seit dem Morgen warteten wir auf den Mann, dem ich die Tasche übergeben sollte. Er war nicht an seinem Arbeitsplatz. Schamil wurde unruhig, fluchte, wir kreisten durch die Stadt, und ich betete zu Allah, dass der Mann noch lange fortbleiben möge. Es waren ja die letzten Stunden meines Lebens. Ich hatte begriffen, dass mit der Tasche etwas nicht stimmte, sie war so schwer. Nun war mir klar, warum sie mich zuvor mit der Videokamera gefilmt und mich gebeten hatten, irgendetwas zu sagen. Etwas über Allah. Ich war weder tot noch lebendig. Fliehen konnte ich nirgendwohin. Der Tod erwartete mich hier wie da. Deswegen nahm ich, als ich das Polizeirevier betrat, die Tasche trotzdem von der Schulter und ging sehr langsam, damit weniger Leute um mich herum starben.

Ich ging und dachte: Jetzt! Jetzt gleich! Werde ich den Schmerz noch spüren oder nicht? Und was wird von mir übrig bleiben? Und wer wird mich beerdigen? Oder wird man mich als Mörderin überhaupt nicht beerdigen? Wie schrecklich! Während ich noch überlegte, explodierte die Tasche bereits. Schamil hatte vom Auto aus den Sprengstoff gezündet.

Gewaltiger Lärm machte sich breit, Schreie, Rauch, mein Bein tat weh, das Blut spritzte aus mir heraus. Doch ich war am Leben! Die Milizionäre begriffen sofort, dass man mich umbringen würde, wenn sie mich in ein Krankenhaus abtransportierten. Ich brüllte, wollte etwas erklären. Man brachte die Ärzte direkt zur Miliz. Dort wurde ich auch operiert, auf dem Polizeirevier.

Dann fuhr man mich unter Bewachung ins Innenministerium, räumte für mich ein Zimmer, stellte ein Bett auf, und hier lebe ich nun schon seit vier Monaten. Dann teilte man mir mit, dass Chaled – derjenige, der Schamil befohlen hatte, mich zu schicken – auf eine Mine getreten sei. Die Frauen hat man dann auch gefunden – mit einem Messer aufgeschlitzt und verstümmelt. Wie mir ein Leiter im Innenministerium sagte, hatte man sie in Tschernoretsche und im Staropromyslowki-Rayon neben einer Müllkippe in den Dreck geworfen. Dasselbe wäre auch mit mir geschehen, wenn ich es abgelehnt hätte, die Tasche zu tragen. Dort lässt man einem schließlich keine Wahl, und keiner hat gefragt, ‚Willst du sterben und andere umbringen?' Was für eine Wahl hat man? Wohin man schaut – der Tod."

Als wir uns voneinander verabschiedeten, fragte mich Sarema verschämt:

„Darf ich dich ab und zu anrufen? Mir geht es so schlecht, ich habe keine Freunde!"

Ich war überrascht, schrieb ihr jedoch meine Telefonnummer auf.

Seitdem ruft sie mich öfter an und schreibt mir. Ehrlich gesagt, es fällt mir schwer, mit ihr zu reden. Welche gemeinsamen Themen haben wir schon?

Ich wusste, dass sie zu ihrer Tante nach Astrachan gezogen war, nachdem man sie aus dem Innenministerium entlassen hatte. Ihre Mutter hatte sie nicht aufnehmen wollen – „du hast Schande über unsere Familie gebracht". In dem Dorf in Astrachan hielt es sie nicht lange aus, dort war es langweilig, es gab nichts für sie zu tun, alles war ihr fremd.

So reiste sie zunächst nach Chassawjurt – eine dagestanische Stadt, die an Tschetschenien grenzt. Sie kam in einem Café an der Autobahn unter, als eine Art Kellnerin.

Sie rief mich an: „Julia, ich habe solche Angst, gestern kamen irgendwelche Leute in Tarnanzügen her und suchten nach mir, ich habe mich im Wirtschaftsraum versteckt. Wahrscheinlich wollen sie mich umbringen."

Ich schrie: „Sarema, was machst du überhaupt in Chassawjurt, verschwinde von dort nach Astrachan, wohin auch immer." (Als Sarema noch in Isolationshaft saß, bot ihr „Geliebter" dem Wärter dreitausend Dollar. Dafür sollte dieser sie auf den Hof hinausführen, damit er auf sie schießen könne. Schließlich war Sarema eine Zeugin, kannte die Bande in- und auswendig und hatte damit „zur Jagd" auf sie geblasen. Die Milizionäre hatten sie in meiner Anwesenheit eine „Hündin" genannt – weil sie vorgehabt hatte, so viele Menschen zu ermorden. Es gab also einige, die Sarema den Tod wünschten).

Nach zwei Wochen ruft sie wieder an: „Julia, weißt du, wer mir die Typen in den Tarnanzügen auf den Hals gehetzt hat? Meine Mutter. Sie haben mich gesucht, und sie hat ihnen gesagt, wo ich bin. Sie meinte zu ihnen: ‚Bringt sie endlich um und rührt unsere Familie nicht an.'"

Sie weinte. Einen Vater hat sie nicht mehr, er – übrigens ein Russe – wurde zu Beginn des Krieges getötet. Ihre Mutter hatte ein zweites Mal geheiratet, noch ein Kind zur Welt gebracht und ein „neues Leben" angefangen. Die grünäugige Sarema war ihr dabei nur ein Klotz am Bein.

Dann ging Sarema dazu über, mich in tiefster Nacht anzurufen.

„Hallo, schläfst du nicht?"

„Doch", bekenne ich.

„Ich nicht. Mir geht es so schlecht, Julia, ich bin so einsam", und aus dem Hintergrund dringt ein betrunkenes Männerlachen.

Jedes Mal rief sie mich von einer anderen Nummer aus an, immer nachts, und jedes Mal war ein Männerlachen zu hören.

Sarema war Prostituierte geworden.

Zugegeben, ich ahnte schon damals, wie das Ganze enden würde, im Juni 2002, als sie vor mir saß – auffallend schön, mit runden Körperformen – eine erblühende Knospe. Sie war eine Frau, die die körperliche Liebe kennen gelernt und sich bereits daran gewöhnt hatte, „mit allen zu schlafen".

Grelle Blitzlichter in Saremas grauem Leben sind Fernsehinterviews. Nach den Terroranschlägen in Moskau erachteten es Journalisten als ihre Pflicht, die Inarkajewa als am Leben gebliebene „lebende Bombe“ zu interviewen. Und dann veränderte sich Sarema bis zur Unkenntlichkeit. Auf einem Video, das mir meine Kollegen vom Fernsehsender Ren-TV gaben, sah ich nicht meine Sarema sitzen, sondern eine Fremde. Eine schöne, junge, grell geschminkte Frau mit kurz geschnittenem Haar. Eine tiefe Stimme. Eine aufregende Geschichte. Sarema erzählte, wie sie von Wahhabiten gekidnappt wurde, wie diese sie verspotteten, mit Drogen fütterten, sie dazu zwangen, die Tasche zu tragen, ihr beibrachten, eine Schahidin zu sein. Anfangs war ich verwundert: Warum lügt sie?

Doch dann wurde mir klar: Die Geschichte ihres Lebens ist zu banal und zu unschön, um sie vor fremden Menschen auszubreiten. Indem sie sich die bösen Wahhabiten ausdenkt, die Misshandlungen, das Traktieren mit religiösen Büchern und Drogen, erfindet sie sich ihre Geschichte neu. Weckt Interesse an ihrer Person. Sie sieht auch aus wie eine Schauspielerin, wie sie so vor der Kamera posiert.

Lohnt es sich, sie zu entlarven? Zu sagen, dass alles, was sie in den letzten zwei Jahren erzählt hat, ein Gruselmärchen ist, erdacht von Sarema Inarkajewa?

Besser erzähle ich, worüber wir beim letzten Mal sprachen. Es war ein Telefonanruf vor einem Monat:

„Julia, ich habe Angst. Ich habe die Bullen an den Hacken, ständig nehmen sie mich fest.“

„Weswegen, Sarema?“

„Ich weiß es nicht“, antwortet sie gereizt in ihrer Verzweiflung. „Alle wollen irgendwas von mir. Mistkerle …“

„Wo wohnst du überhaupt?“

„In dem Café wohne ich. Ich schlafe im Wirtschaftsraum. Man gibt mir zu essen. Dafür arbeite ich.“

„Und wovon lebst du?“

Pause.

„Ja, und so lebe ich …“

Das weiß ich, ja. Und ich weiß, wie schnell dieses auffallende Mädchen mit jedem Tag weiter fällt. Doch was kann ich tun? Wie den Absturz aufhalten?

„Ich habe ihn geliebt, doch er hat mich in den Tod geschickt. Und was jetzt? Woran soll ich noch glauben? Worauf warten? Der Tod ist vor mir und hinter mir, wohin man auch schaut", weinte sie in den Telefonhörer.

Was ich daran erstaunlich finde? Dass Sarema nicht unter den Schahiden des „Nord-Ost"-Geiseldramas war. Genau dieselben Gedanken teilte mir ein Vorgesetzter der Miliz in Grosny mit.

„Sie hätte dorthin gepasst! Man hätte sie nur als Selbstmordattentäterin auswählen müssen: Sie ist nicht besonders klug und sehr leichtgläubig, und ihr Leben ist bereits kaputt. Solche werden gern angeworben."

„Weißt du, dass sie Prostituierte geworden ist?", fragte ich.

„Das war klar. Nach dieser Schande hat sie nichts mehr zu erwarten. Lass mich raten, was aus ihr werden wird. Sie wird von Leuten aus dem Dschamaat ausgewählt, verheiratet, und ein paar Monate später wird man sie in den Tod schicken. Und sie wird gehen! Sie geht hundertprozentig. Denn sie wird Ehefrau sein, Teil der Gemeinde, man wird sie dort achten – und es hat sie schließlich noch nie jemand geachtet. Und dann geht sie – wiederum unter dem Einfluss von Tabletten, wiederum ängstlich – doch sie geht, um jene nicht zu enttäuschen, die ihr vertrauten."

Ich schreibe diese Zeilen in mein Notizbuch und denke: So wird es wohl kommen. Ihr Leben ist mit 17 Jahren schon zerstört worden, sie hat Ausschweifung und Schmach kennen gelernt, glaubt nicht an sich selbst und erwartet vom Leben nur noch den Tod – man wird sie nicht in Ruhe lassen. Das letzte Mal hatte sie am Telefon mit brüchiger Stimme gesprochen.

Ein Mädchen mit flammend roten Fingernägeln. Und mit leerem Blick. In ihr tickt eine Bombe: Der Selbstzerstörungsmechanismus ist bereits in Gang gesetzt. Wo ist sie in dem Augenblick, da ich diese Zeilen schreibe? Ich muss sie anrufen. Wie eine ältere Schwester rufe ich zu ihr durch, lege den Hörer auf und seufze: Noch lebt sie.

Teil 2

Die „Nord-Ost"-Attentäterinnen
(2003)

Was kurze Zeit später in Russland geschieht, wird in seinen Ausmaßen jegliche Vorstellungskraft übertreffen. Tschetschenische Separatisten fassen den Entschluss, eine absonderliche Show unter Beteiligung von Selbstmordattentäterinnen stattfinden zu lassen. Eine solche Konzentration an „lebenden Bomben" wie bei der Besetzung des Dubrowka-Theaters, in dem gerade das Musical „Nord-Ost" lief, hatte die Welt noch nicht gesehen. Schwarz gekleidete Frauen mit Hidschabs gaben sich als Schahidinnen aus, die gekommen seien, um ihre Ehemänner zu rächen. Es war ein schreckliches, ein unvergessliches Schauspiel.

Was hinter den Kulissen vor sich ging, blieb ein Geheimnis, das die Schahidinnen – die sich dann übrigens doch nicht in die Luft sprengten – mit ins Jenseits genommen haben.

Kapitel 1

```
Unglückliche Frauen, ihr Leben zerstört.
Unauhörlicher Schmerz.
Was hatten sie noch zu erwarten?
```

Die Schwestern Chadschijew waren alte, kranke Jungfern gewesen. Sie wurden mit Leuten aus dem Dschamaat verheiratet, man machte ihnen Kinder und kommandierte sie … in den Tod. Man gab ihnen Hoffnung, und nahm sie ihnen wieder.

RAIMAN KURBANOWA

Raiman war eine schöne Tschetschenin mit großen, ausdrucksstarken Augen unter dichten schwarzen Augenbrauen. Nach ihrem Tod wurde das Foto aus ihrem Pass auf DIN A 4-Format vergrößert, um herauszufinden, ob sie die mandeläugige Schönheit neben dem Haupttерroristen von „Nord-Ost", Mowsar Barajew, gewesen war.

Sie war es nicht. Sie ist eine andere. Sie war weder jemandes Geliebte noch Witwe. Welche Gründe mögen sie nach Moskau geführt haben, in das Dubrowka-Theater, wo sie der Tod erwartete?

In Grosny finde ich einen Cousin von Raiman, den 30-jährigen Usman. Ironie des Schicksals – er arbeitet bei der tschetschenischen Miliz, die Raiman so gehasst hat. Sie hat sie gehasst wie alle Leute aus dem Dschamaat, welche die tschetschenischen Milizionäre für Verräter halten.

„Für mich war es ein Schock, dass meine Cousine dort war. Es war ein Schock, dass sie sich als solch dumme Gans entpuppt hat." Usman ist aufgeregt, holt eine Zigarette hervor und zündet sie mit einem Feuerzeug an. „Na, finden Sie nicht auch, dass man ziemlich dumm sein muss, um so in die Falle zu gehen. Sie ist der Schandfleck unserer Familie. Ich arbeite bei der Miliz und mein Onkel war seinerzeit der Chef der Wachmannschaft von Beresowski. Wir halten uns an die Gesetze. Niemand, das kann ich dir versichern, niemand hat je so sterben wollen wie sie. Sich schlachten lassen. Die hatten doch keine Chance, da wieder herauszukommen, sie waren doch von Anfang an verloren. Immerhin war sie erwachsen, wer hatte ihr so das Hirn vernebeln können? Wem hatte sie so vertraut, um dorthin zu gehen?“

„Usman, erzähl mir von ihr. War sie verwitwet? Weißt du, bei uns wurde verkündet, dass alle Schahidinnen Witwen seien, die ihre Ehemänner rächen wollen.“

Er lächelt bitter.

„Verwitwet … Ein paar Monate vor ‚Nord-Ost‘ hat sie geheiratet. Eigentlich das zweite Mal.“

„Also war sie verwitwet …“

„Ihr erster Mann ist am Leben. So lebendig wie der müsste man sein! Raiman hat er aus dem Haus geworfen, nachdem er einige Jahre mit ihr zusammengelebt hatte. Kinder hatten sie keine und konnten sie auch nicht haben. Bei uns kann man eine Frau deswegen einfach so rauswerfen. Sie hat sich lange rumgequält, klapperte die Ärzte ab und irgendwelche Weiber. Hat alles nichts gebracht.

Danach hat sie sich irgendwie verändert. Seit Anfang der Neunziger ging sie auf jede Demonstration. Wenn ihr jemand sagte, dass es irgendwo eine Demonstration gegen den Krieg gibt, rannte sie sofort hin.

Sie hatte immer ein Transparent dabei: ‚Nein zum Krieg!‘. Sie lebte dafür, kann man das so sagen?

Sie war Aktivistin des Komitees für die Beendigung des Krieges. Mit ihr über etwas anderes zu reden, war kaum möglich. Jetzt fragst du, ob sie ein Rachemotiv hatte. Weißt du, jede Frau in Tschetschenien hat ein persönliches Motiv. In jeder Familie wurde während des Krieges jemand zu Grabe getragen. Dieser Krieg war eine nie enden wollende Beerdigung. Vor den Augen anderer wurden Menschen umgebracht oder ohne Verhandlung oder gerichtliche Untersuchung weggeschafft. Und da war unsere Familie keine Ausnahme.

Raiman nahm sich immer alles sehr zu Herzen, sie brauchte das. Es gibt solche Menschen, für sie ist fremdes Leid wie ihr eigenes. Raiman war so eine. Der Krieg war ihr Leid. Während dieser zehn Kriegsjahre wurden die Namen von Komitees, Parteien, Bewegungen geändert, die Mächtigen wechselten einander ab. Doch Raiman hat sich nicht verändert. Wer auch immer sie zu Protestaktionen gegen den Krieg rief – sie ging hin. Egal mit wem, verstehst du? Wir haben ein gemeinsames Ziel – also ist er mein Freund, mein Kompagnon und mein Bruder."

„Aber sie hat doch wohl begriffen, dass sie da nicht zu einer Protestaktion geht."

„Ich kannte Raiman gut. Nie wäre sie da hingegangen, um aus eigenem Wunsch zu sterben. Sie wollte den Krieg stoppen, sie wollte etwas für ihr Volk tun. Vielleicht hat sie davon geträumt, Nationalheldin zu werden, eine Art tschetschenische Jeanne d'Arc."

„Und für ihr Volk zu sterben …"

„Nein. Sie ging da nicht hin, um zu sterben. Sie wollte nicht sterben. Sie hatte eine alte, kranke Mutter. Das ganze Leben haben sie zu zweit verbracht, Raiman und ihre Mutter. Ihre Mutter war der einzige Mensch, für den es sich für sie zu leben lohnte. Sie hätte sie nicht ihrem Schicksal überlassen. Ich kannte Raiman gut, ihre Mutter war alles, was ihr geblieben war. Und für ihre Mutter war es Raiman."

„Doch du hast davon gesprochen, dass sie kurz vor dieser Aktion geheiratet hat."

„Ja, doch weißt du, wer er war? Er kam von dort. Ein Mann aus dem Dschamaat. Dahin hatte es sie wohl aufgrund ihrer Überzeugung gezogen. Schau mal, sie war fast vierzig. Nach ihrem ersten Versuch hätte sie keiner mehr heiraten wollen. Sie konnte keine Kinder haben. Und da kommen nun diese Leute, die sie anerkennen. Sie wird verheiratet und damit ein Teil dieser Gesellschaft. Ihrem Mann folgt sie wohin auch immer. Ihre Ehe bedeutet eine Anerkennung als Frau und als Mensch, verstehst du das? Für eine Tschetschenin ist es sehr wichtig, verheiratet zu sein.

Sie heiratete, und zwei Monate später gab sie allen die Hochzeitsgeschenke zurück. Das war ein paar Wochen vor ‚Nord-Ost'. Sie gab allen alles zurück."

„Und das heißt?"

„Sie wusste, dass eine gefährliche Aktion bevorstand, dass alles enden konnte, wie es dann tatsächlich auch endete. Natürlich hatte sie gehofft, lebend herauszukommen, aber sie war gewarnt, dass sie dort auch sterben könnte.

Bei denen ist das so üblich – ein Mensch zahlt vor seinem Tod seine Schulden und gibt alle Geschenke zurück. Er nimmt Abschied."

„Das heißt, sie wusste, wohin sie geht."

„Sie wusste nichts von ‚Nord-Ost', nichts von der Geiselnahme, nichts von diesen idiotischen Anzügen, die sie anziehen mussten. Von Moskau hat man ihr am Vorabend der Reise erzählt, denke ich, und von ‚Nord-Ost' auch erst einen Tag zuvor, als sie schon in Moskau waren. Sie wusste lediglich, dass sie etwas tun sollten, was den Krieg stoppen würde. Dass es eine sehr gefährliche Aktion sein würde. In die Details waren sie nicht eingeweiht. Ich weiß nur, dass man ihnen Geld und Übersiedlung ins Ausland versprochen hatte. Falls sie da lebend herausgekommen wären ..."

KOKU UND AIMAN CHADSCHIJEWA

Aiman Wagnetowna Chadschijewa wurde am 26. Juli 1974 im Dorf Tjoplye Kljutschi des Rayons Kascharski im Gebiet Rostow geboren. Von 1995 an lebte sie mit ihrer Mutter im Dorf Staraja Sunscha in der Tschetschenischen Republik.

Koku Wagnetowna Chadschijewa wurde am 9. April 1976 im Dorf Kitschkino im Gebiet Rostow geboren. 1995 zog sie ins Dorf Staraja Sunscha und lebte dort mit ihrer Mutter und ihrer älteren Schwester. Sie hatte ein Metro-Mehrfachticket dabei – die letzte Fahrt war auf den 22. Oktober, 21 Uhr 39 datiert, weniger als 24 Stunden vor der Besetzung von „Nord-Ost".

Unter den in schwarze Kleidung gehüllten Frauen bei „Nord-Ost" waren zwei, in deren Adern gleiches Blut floss – zwei Schwestern.

Erstaunlich war, dass sie keineswegs junge Frauen waren, die um Allahs willen sterben wollten. Sie waren reife Frauen, die sicherlich hundertmal darüber nachgedacht hatten, bevor sie sich auf so etwas einließen.

Koku war 26 und Aiman 28 Jahre alt, beide hatten schwarzes Haar und dunkle Augen. Beide sind bei „Nord-Ost" umgekommen. Kopfschuss. Entkräftete Gesichter. Das Ende.

Ich fahre in das Dorf, wo sich ihr Elternhaus befindet.

Es ist ein Ziegelhaus hinter einem grünen Metallzaun. Der Winter kann sich mit dem Frühling nicht einig werden, auf den Straßen taut der Schnee und rinnen kleine Ströme.

Ich betrete den Hof, er ist leer, hat einen asphaltierten Weg. Ich klopfe an der Tür. Die Tür springt auf, auf der Schwelle steht eine betagte Frau. Ein hellblaues Kopftuch, unter denen graue Haarsträhnen hervorlugen.

„Sind Sie Frau Chadschijewa?"

„Und wer sind Sie?"

Flüchtig mustert sie mich und meine Begleiter – Militärs mit Waffen. Sie fragt sie etwas auf Tschetschenisch, ist beunruhigt.

„Ihre Töchter …", versuche ich das Gespräch irgendwie zu beginnen.

Sie unterbricht mich scharf.

„Sie sind in der Türkei, haben geheiratet und sind weggezogen, ich weiß nichts von ihnen."

Ich bin verwirrt. Ihre muntere, selbstsichere Rede und das verlorene Aussehen einer vom Leid geschlagenen Mutter klaffen allzu weit auseinander.

„Nein, ihre Töchter sind nicht in der Türkei", muss ich sie unterbrechen. „Ihre Töchter waren bei ‚Nord-Ost' dabei. Wissen Sie etwa nichts davon?"

„Was für ein ‚Nord-Ost'?", fragt sie unruhig und schaut mich durchdringend an, als wolle sie meine Gedanken lesen.

„Wer bist du? Was willst du?", ein Blick aus ihren grauen, matten Augen durchbohrt mich.

„Ihre Töchter Aiman und Koku waren bei ‚Nord-Ost' dabei, sie haben sich an der Geiselnahme beteiligt, und das wissen Sie bereits, weil Sie nämlich schon im Herbst vom FSB dazu verhört worden sind", sage ich etwas schroff, doch ich muss gleich Nägel mit Köpfen machen, damit sie mich nicht vom Hof jagt mit der Begründung, dass alles was ich sage, Unfug sei.

„Kommen Sie rein", sagt sie.

Ich ziehe mir die Schuhe aus, gehe ins Wohnzimmer durch und setze mich auf den Sofarand. Auf dem Fensterbrett stehen Blumentöpfe, Verpackungen von Arzneimitteln liegen auf dem Tisch, und das Erste, was mich erstaunt, sind die Koffer.

Gepackte Koffer – auf dem Schrank, hinter dem Sofa, an der

Tür. Die Hausherrin scheint sich auf eine Abreise vorzubereiten. In der Luft hängt eine kaum begreifliche Unruhe. Ein Abwarten. Sie schweigt nur, als wisse sie von schrecklichen Dingen, über die zu sprechen den Untergang bedeutet.

Und so sitzt die füllige, betagte Frau mit blauen, geschwollenen Venen an den Beinen vor mir. Eine Frau, die seltsame Augen hat, erloschene, geschwollen von den Tränen, die sie wohl nur nachts weint, damit es niemand sieht.

Sie spricht leise und so, als hätte sie ihre Rede vorher auswendig gelernt. Null Emotionen.

„Ende des Sommers haben meine Töchter geheiratet. Aiman kam zu mir und sagte: ‚Mama, ich heirate.' Sie hat ihre Sachen zusammengepackt und ist fortgegangen. Koku? Dasselbe, auch sie hat geheiratet, etwa einen Monat nach Aiman. Beide zogen aus und ließen mich allein. Dann kam Aiman und sagte: ‚Mama, ich fahre in die Türkei, Ware holen, ich hoffe, dass alles klappt. Man hat mir versprochen, mir bei der Reise behilflich zu sein. Ich kann da Geld verdienen.' Und das war alles, Anfang des Herbstes kam sie, dann ist sie wohl gefahren, und ich habe nichts mehr von ihr gehört." „Und Koku?"

„Das ist bei uns so Brauch: Wenn eine Tochter heiratet, lebt sie ihr eigenes Leben. Die Mutter mischt sich da nicht ein. Sie sind für sich und leben in der Familie ihres Mannes. Und ich habe mit ihnen geschimpft: Noch kein Jahr war vergangen, seit mein Mann gestorben war, wir haben Trauer, und sie können es mit dem Heiraten nicht abwarten. Ich habe mich von ihnen losgesagt. Trotzdem kann ich nicht glauben, dass sie dort gewesen sein sollen. Es wird viel geredet. Wo sind die Beweise, dass sie dort waren? Dass sie tot sind? Alles nur Worte …"

„Haben Sie Fotos von Ihren Töchtern, ich würde gern sehen, wie sie aussahen. Waren sie Ihnen ähnlich?"

Abrupt zieht sie einen Schlussstrich unter unser Gespräch.

„Sie haben mir alle Fotos weggenommen, sogar die Kinderfotos. Alles haben sie mir weggenommen. Weder ein Andenken noch ein Foto haben sie mir gelassen."

Worüber kann man mit einer Mutter sprechen, die sich von ihren eigenen Töchtern „losgesagt" hat?

Sie bringt mich zur Tür. Vom Hof kommt ein etwa zehnjähriger Junge hereingelaufen.

„Ist das der Sohn von Ko…“

„Das ist mein Sohn, mein letzter Sohn“, unterbricht sie jäh meinen Gedanken.

Als ich fuhr, sah ich zur der grauen Frau, neben der der magere, schwarzäugige Junge stand. Wie seltsam sie aussah, so schwerfällig und alt, und daneben dieser flinke, kleine Junge. Sollte das etwa wirklich ihr Sohn sein?

Sie schaute meinem davonfahrenden Auto hinterher, als wollte sie sicher gehen, dass ich wegfahre und nicht mehr wiederkomme.

Ich konnte sie nicht vergessen. Ihren seltsamen Blick, von dem einem irgendwie unwohl wurde. Ihre Augen, in denen kein Tränchen stand, als man ihr von ihren toten Töchtern erzählte. Die Koffer im Zimmer – das heißt, sie hat es eilig, von hier wegzukommen. Wovor und wohin flieht sie?

Am nächsten Tag erhalte ich eine erstaunliche Information: Cheda Chadschijewa, die Mutter der beiden Schwestern, soll nach Baku fahren, wo sie ihr Erbe erhalten wird – das versprochene Honorar für den Feldzug ihrer Töchter nach Moskau.

Cheda Chadschijewa soll für ihre Töchter einige zehntausend Dollar bekommen.

Nicht nur das, ich erfahre, dass die Schwestern Chadschijewa nicht ganz gesund gewesen waren, dass eine von ihnen unheilbar an Tuberkulose litt. Verstehen Sie? Sie musste sowieso sterben. Es machte für sie keinen großen Unterschied mehr, WIE und WO sie sterben würde.

Doch das ist immer noch nicht alles. Meine Quellen berichten mir, dass die Mutter wusste, WOHIN ihre Töchter fuhren.

Ich will das nicht glauben. Wie kann eine Mutter ihrem Kind erlauben, in den Tod zu gehen? Nein, das kann nicht sein. Einfach nur deshalb, weil es nicht sein darf.

Aber … Die trüben Augen, die Hände, mit denen sie an ihrem Tuch nestelte, die Koffer, zum Teufel, die im ganzen Haus herumstanden!

Ich fahre ein zweites Mal zu ihr. Ich klopfe an. Diesmal ruft sie genervt, kaum dass sie mich auf der Schwelle erblickt: „Was wollen Sie von mir?“

Wie nervös sie ist, meine Güte!

„Cheda, ich habe hier Beweise dafür, dass Ihre Töchter dort waren. Schauen Sie mal, ob sie es sind?"

Für eine Sekunde schaut sie mir in die Augen, blickt böse drein, will nicht verstehen, was ich von ihr möchte.

„Kommen Sie rein."

Verwirrt schaue ich mich um. Es ist nicht zu glauben! Im Haus gibt es keine Möbel mehr, nicht mal einen Teppichläufer auf dem Boden, nur das alte Sofa steht da, daneben dieselben Arzneimittelpackungen.

Obwohl nicht mehr als drei Tage vergangen sind, wurden alle Sachen aus dem Haus geschafft!

Ich bemerke eine Packung Valocordin. Sie ist also doch nicht so ruhig, wie sie scheinen will. Ihr Herz findet keine Ruhe. Ihr Mutterherz, das man nicht betrügen kann.

Wir setzen uns aufs Sofa.

„Cheda, haben Sie etwa vor zu renovieren – es ist ja nichts mehr da", sage ich scheinbar beiläufig.

„Ich habe vor, gründlich sauber zu machen, das ist schon lange fällig", antwortet sie mir ebenso beiläufig. Ein schöner Hausputz, denke ich spöttisch, alle Koffer und Möbel hat sie unbemerkt hinausgefegt. Und abrupt komme ich zum Wesentlichen.

„Cheda, was hatte Ihre Tochter?", frage ich geradezu. „Welche Krankheit hatte sie, die unheilbar war?"

„Woher wissen Sie das?", bricht es aus ihr heraus.

Cheda erzählt, dass Aiman (die Ältere) „am Kopf krank war". Sie litt unter starken Schmerzen, ließ Röntgenaufnahmen machen. Doch was es war, weiß sie natürlich nicht.

Nichts weiß sie. Es hat sie nicht interessiert. Die Mutter hat ihre Tochter nicht gefragt. Gut, Cheda …

Ich hole die Mappe mit den Papieren hervor. Darin befinden sich Kopien der Pässe, die man den Toten abgenommen hat. Ein Foto: die Leichen ALLER getöteten Terroristen. Und genau erkennbare Löcher von den Kugeln, die Koku und Aiman die Gesichter durchbohrt haben.

Wenn Sie ihre Hände gesehen hätten! Wie sie anfingen zu zittern, wie die Tränen aus ihren Augen schossen. Wie sie sich den Mund zuhielt, damit ihr Schluchzen und ihr gedehntes Heulen nicht zu hören seien.

Auf den Fotos sind ihre Mädchen so schutzlos, mit halb geöffneten Mündern, mit von Kugeln entstellten Gesichtern. Aiman und Koku.

„War es das Gas, ja?“, fragt sie mich und zeigt auf die geöffneten Münder. „Und geben sie einem die Körper, um sie zu beerdigen? Und warum wurden sie umgebracht? Wozu wurden sie umgebracht? Wurden alle umgebracht?“

Alles weiß sie, vom Gas, von ihren erschossenen Töchtern. Und wo sie gewesen waren. Und wohin sie wollten.

Nun ist der Damm gebrochen. Ein Damm aus geballtem Schmerz. Aus Verzweiflung. Aus Furcht.

„Wer hat sie verraten, Cheda?“, frage ich leise.

Sie hält sich die Hände vors Gesicht.

„Erzählen Sie mir, wie sie waren. Also in ihrem anderen Leben, vorher.“

Sie beginnt zu reden. Über Aiman, die verschlossene Einzelgängerin, die bis zu ihrem 28. Lebensjahr zu Hause gesessen hatte und es nur zur Arbeit in einer Nähwerkstatt verließ. Darüber, wie sie im Gebiet Rostow gelebt hatten, wo sie Schafe hielten, wie sie hierher gekommen waren, ins heimatliche Tschetschenien, wo man ihnen dieses Haus gab – „in Stadtnähe“. Und wie sie auch hier unermüdlich gearbeitet hatten, denn sie waren eine Arbeiterfamilie.

Weder Koku noch Aiman konnten heiraten. Doch „sie waren gute Mädchen, haben ihrer Mutter gehorcht (ach so also!), halfen in der Wirtschaft“.

Ein kleiner Makel: Sowohl Koku als auch Aiman kamen nie sonderlich vom Hof, auch weil sie … nicht ganz gesund waren. Im örtlichen Krankenhaus hatte man mir gesagt, dass mir der Neuropathologe Rede und Antwort stehen würde, „der war für sie zuständig“. Im Krankenhaus waren sie bekannt. Und als ich nach ihnen fragte, da stieß ich, Verzeihung, auf grobe Worte – „die verfluchten Hysterikerinnen“.

Aiman war besonders schlimm dran gewesen. Nach „Nord-Ost“ kam aus der Psychiatrie von Astrachan eine Anfrage, ob ihre Patientin nicht auf der „Terroristen-Liste“ stehe.

Sie war es. Sie war schon lange von starken Kopfschmerzen und grundloser Hysterie geplagt gewesen.

Koku hingegen hatte Probleme mit der Lunge. So saßen sie

beide zu Hause mit ihrer Mutter, weil niemand sie heiraten wollte. Mit 28 Jahren in Tschetschenien noch nicht verheiratet zu sein, heißt, zu den alten Jungfern gezählt zu werden.

Sie waren unglückliche Frauen. Und nicht ganz gesund. Ein aussichtsloses Leben. Was hatten sie noch zu erwarten?

Und da wurden sie von den Leuten aus dem Dschamaat aufgespürt. Man erzählt ihnen, dass sie die höchste Schöpfung Allahs auf Erden seien, man verheiratet sie. Koku mit einem Burschen aus dem dagestanischen Dschamaat, Aiman mit einem aus Grosny. Jetzt sind sie nicht mehr allein, sie sind ein Teil einer Gemeinschaft, in der alle einander Bruder und Schwester sind. Sie werden geliebt, geehrt und anerkannt.

Die trostlose Vergangenheit mit ihren Schmerzen, in der Mann und Kinder fehlen – das einfache Glück einer Frau – sie beginnt einen Sinn zu haben.

Sie wird abgelöst von Sunna und Koran, von Gebeten und dem Glauben an eine besondere Bestimmung auf Erden.

Im Herbst 2002 erfahren die psychisch kranke Aiman und die sich mit ihrer Lunge plagende Koku Näheres über ihre Bestimmung.

Sie sollen den Krieg stoppen. Den Krieg, der ihre Heimat gequält und ausgezehrt hat, und der jeden hier mit Blut übersäte.

Hier gibt es einen Vorbehalt. Die Schwestern stimmten dieser Aktion aus unterschiedlichen Gründen zu.

Koku war vollkommen zurechnungsfähig, sah ganz normal aus, schließlich hatte sie vor kurzem geheiratet. Sie stimmte diesem riskanten Feldzug des Geldes wegen zu. Sie besprach das sowohl mit ihrem Mann als auch mit ihrer Mutter. Letztlich war es ja nicht wenig Geld, und es schien die einzige Chance zu sein, sich das Leben anders einzurichten. Ausreisen in die Türkei oder nach Aserbaidschan, dort eine Wohnung kaufen, eine gewisse Summe zurücklegen und ruhig und sorglos leben zu können …

Bei Aiman verhielt es sich anders. Erstens wurde sie von ihrer Mutter überredet. Zweitens war sie psychisch nicht gesund. Für Aiman war es sehr wichtig, sich als JEMAND zu fühlen. Unter Gleichgesinnten, Verbündeten zu sein, die ein gemeinsames Ziel, eine Idee haben. Man darf nicht vergessen, dass die Wahhabiten in Tschetschenien im Untergrund leben. Sie alle sind

Teil eines Ganzen. Und das Wissen darum, dass sie nicht allein sind, hilft ihnen, in dieser schwierigen Welt zwischenmenschlicher Beziehungen zu überleben.

Für sie war es wichtig zu wissen, dass sie – die Unglückliche – im Jenseits glücklich sein würde. Und jene, die hier feiern und Fett ansetzen, dort verflucht sind, wie ihr Lehrer es ihr sagte. Und dass es besser ist, wenn man hier leidet. So wie sie …

Verstehen Sie? Aiman musste ihre Aggressionen irgendwie loswerden. Sich an jemandem für ihr ganzes bedeutungsloses Leben rächen. An sie werden sich die Geiseln als die aggressivste und böseste Frau erinnern, die hysterisch wurde beim Anblick eines zärtlichen und liebevollen Umgangs der männlichen und weiblichen Geiseln miteinander.

Ihre Aggressivität ist nicht allein mit Wahnsinn zu erklären. Ich konnte es nicht glauben, als ich es erfuhr. Ich kann es auch heute nicht glauben. Nur Cheda Chadschijewa und die Pathologen hatten davon gewusst.

Sowohl Koku als auch Aiman waren schwanger, als sie auf dem Weg zum Dubrowka-Theater waren. Und deshalb wurde Aiman einfach wahnsinnig, dort, im Zuschauersaal, als sie wusste, dass die anderen dort rauskommen würden, sie aber, ihr Mann und ihr Kind, verloren waren. Alles hatte gerade erst begonnen und sollte schon wieder zugrunde gehen!

Wie schmerzlich, wie schrecklich waren die letzten Stunden vor der Erstürmung für sie, als fast allen klar war, dass es keine Hoffnung gab!

Wie grausam mit ihnen umgegangen wurde – sowohl mit Koku als auch mit Aiman! Sie wurden verheiratet, man machte ihnen Kinder – und dann schickte man sie in das Geiseldrama von „Nord-Ost".

Zum Sterben.

Man gab ihnen Hoffnung, und nahm sie ihnen wieder.

Sie hatten sich nicht denken können, dass ihre Dschamaat-Leute sie so hinters Licht führen würden. Man hatte ihnen ja versprochen, dass es einen Ausweg geben würde.

Die heute vor mir weinende Cheda hat ihre Töchter nach Moskau begleitet. Koku und Aiman. Sie hat sie gesegnet. Sie schickte ihre eigenen Töchter in den Tod, ruhig und entschlossen, und erhielt auf jeden Fall einige zehntausend Dollar für sie. Cheda wusste sicher, wie hoch das Risiko war. Wie gering ihre Chancen für eine Rückkehr waren.

Ob ihr damals die Hände gezittert haben?

SEKIMAT (SARA) ALIJEWA

Sekimat Uwaisowna Alijewa wurde am 2. Januar 1977 in Kasachstan geboren. Sie kehrte mit ihren Eltern nach Tschetschenien zurück, in ihrem Pass steht die Adresse, unter der sie registriert ist – Sadowskaja-Straße 132, doch die ist nicht gültig. Sie hat einige Zeit in Baku gelebt.

Feine Gesichtszüge, ein aristokratisches Äußeres. Ein gewisses Raffinement, etwas Ätherisches. Nach ihrem Tod fand man bei dieser Frau Papiere, aus denen hervorgeht, dass sie Assistentin am Lehrstuhl für Schauspielkunst an der Tschetschenischen Staatlichen Universität gewesen war.

Ihre Adresse ist ein bereits seit einigen Jahren zerstörtes Haus. Als ich dorthin komme, finde ich nur Ruinen vor. Um wenigstens irgendwelche Spuren ausfindig zu machen, fahre ich in die Universität. Zerstörte Gebäude. Aufgeweichter Boden. Sympathische Studentinnen und junge Männer von düsterem Aussehen.

Ich gehe ins Dekanat, warte im Empfangszimmer auf den Rektor, bis ich an der Reihe bin. Mein Journalistenausweis erschreckt die Umstehenden und macht sie gleichzeitig neugierig.

Ich betrete das Arbeitszimmer des Rektors. Ein grauhaariger Tschetschene mit europäischem Aussehen – Alaudi Chamsajew. Auf dem Tischchen tauchen im Handumdrehen Teetassen auf. Lächeln und höfliches Abtasten. Ich bin entschlossen, nicht lange um den heißen Brei herumzureden und hole gleich das Dossier zweier Frauen hervor – darunter das von Sekimat Alijewa.

„Diese Frauen hatten Ausweise als Assistentinnen am Lehrstuhl für Schauspielkunst Ihrer Universität bei sich. Und hier ist Ihre Unterschrift. Ich würde gern wissen, ob es wirklich diese hier waren, die bei Ihnen gearbeitet haben, waren Sie Ihnen bekannt?“

Das Lächeln verschwindet augenblicklich aus dem Gesicht des Rektors.

Aufmerksam betrachtet er die Aufnahmen und sagt, dass er diese Frauen zum ersten Mal sehe.

„Ich kenne den gesamten Lehrstab, doch diese Frauen sehe ich zum ersten Mal, da bin ich mir absolut sicher. Und die Unterschrift … Papiere zu fälschen, zusammen mit einer Unterschrift, das ist nun wirklich ein Klacks."

Meine Hoffnung schmilzt dahin. Eine weitere Spur hat sich als falsch erwiesen, eine weitere namenlose Frau mit gefälschten Papieren, ein weiteres nicht identifiziertes Gesicht.

„Darf ich für alle Fälle mit einem der Dozenten der Fakultät sprechen, vielleicht haben sie dort studiert oder es kennt sie zufällig jemand dort?", bitte ich flehend.

Das Gesicht des Rektors verdüstert sich für einen Moment, offensichtlich wägt er „Für" und „Wider" ab: eine merkwürdige Journalistin, seltsame Verbindungen, die sie in die Universität geführt haben, befremdliche Papiere, die einen Schatten auf ihn werfen.

„Rufen Sie jemandem vom Lehrstuhl für Schauspielkunst", sagt er unerwartet in die Sprechanlage.

„Wissen Sie, gleich nach ‚Nord-Ost' tauchten hier Leute vom FSB auf, die hatten genau dieselben Papiere wie Sie. Wir haben ihnen gesagt, dass wir diese Leute nicht kennen, dass sie nie bei uns gearbeitet haben. Danach verschwanden sie und kamen nie wieder her."

Mir wird damit zu verstehen gegeben, dass ihre Antwort den FSB befriedigt hat, mich aber aus irgendeinem Grund nicht.

Die Tür geht auf, und eine kleine junge Frau betritt das Zimmer.

„Cheda, die Korrespondentin hier will wissen, ob diese beiden Frauen bei uns gearbeitet haben.". Er legt ihr die Fotos vor.

„Nein, nie", antwortet sie bestimmt. Und dann sagt sie, völlig unerwartet für uns alle: „Aber diese Frau hier kenne ich. Sie hat bei uns studiert, ich kann mich gut an sie erinnern."

Es entsteht Verwirrung. Cheda war nur gerufen worden, um mir zu bestätigen, dass diese Leute nichts mit der Universität zu tun hatten. Und das ist dabei herausgekommen.

Der verärgerte Rektor überlässt mir Cheda, eine Assistentin des Lehrstuhls, zum Ausfragen. Wir gehen in ihr Zimmer.

„Sekimat habe ich gut gekannt, sie war ein begabtes Mädchen. Tatsächlich nannten sie alle Sara, das hatte sich so eingebürgert, aber amtlich hieß sie Sekimat, ja."

„Liegt ihr Examen schon lang zurück?"

„Das war 1998. Es war ein sehr schwieriges Examen, genauer gesagt, nicht das Examen war schwierig, sondern das vorangegangene Studium. Krieg, Bombardements, und wir studieren hier Stücke ein und proben. Theater inmitten des Krieges. Doch Sara war sehr fleißig, niemals verpasste sie eine Stunde, sie war zurückhaltend und vorbildlich. Ein großes Talent ..."

„Entschuldigen Sie, wie kleidete sie sich? Mit Kopftuch?"

Cheda versteht sogleich, was ich meine: Die Wahhabitinnen tragen geschlossene Kopftücher und binden sie nicht einfach nur im Nacken oberhalb des Schopfes fest, sondern verstecken darunter buchstäblich ihr ganzes Gesicht. Haben Sie gesehen, wie die Frauen in Afghanistan herumlaufen? Genau so tragen auch Tschetscheninnen, die sich zum Wahhabismus bekennen, ihr Kopftuch und verhüllen ihre Stirn bis an die Augenbrauen.

Doch kehren wir zu meinem Gespräch mit Cheda zurück.

„Ja, sie trug ein Tuch und ein langes Kleid. Doch sie hatte erst in den letzten zwei Jahren angefangen, sich so zu kleiden. Davor war sie eine völlig normale moderne Frau. Übrigens hat sie zusammen mit ihrem Bruder hier studiert. Mowsar, so hieß er. Auch ein zurückhaltender, frommer Junge."

Der Krieg machte aus Sara (wollen wir sie so nennen) einen sehr religiösen Menschen. Sie schließt ihr Studium ab, bleibt jedoch nicht am Theater, obwohl sie als Schauspielerin eine große Hoffnung ist.

1999 beginnt der zweite Krieg. Ihr Bruder Mowsar, ein Wahhabit, wird getötet. Sara leidet sehr unter seinem Tod, er war für sie der ihr am nächsten stehende und liebste Mensch. Sie bekommt Herzschmerzen, die nicht verschwinden wollen und äußerst qualvoll sind.

Dann verliert sich ihre Spur für eine Weile. Ich erfahre, dass sie in dieser Zeit nach Baku gefahren war, um sich ärztlich behandeln zu lassen, wohl auch heiratete und sogar eine Zeit lang in Baku lebte.

Doch Sara, das fleißige und zurückhaltende Mädchen, zog nicht nur einfach so nach Aserbaidschan. Sowohl ihre ärztliche Behandlung als auch ihre Wohnung wurden von Leuten „von der anderen Seite" bezahlt. Sie erfüllte bestimmte Aufgaben, lebte in dieser Gemeinschaft, wurde ein Teil derselben. Sara war äußerst religiös, und die wahhabitische Gemeinschaft hat ihr die eigene Familie vollends ersetzt.

Gebrochen durch den Krieg, den Verlust des Bruders, die Armut der Familie, schloss sich Sara dem System an. Von da an gehörte sie nicht mehr sich selbst.

Doch im Oktober 2002 muckt sie auf. Sara ist eine der wenigen, die sich die tödliche Gefahr dieses Unterfangens vorstellen konnten. Sie hatte zwar kein Verlangen zu sterben, war aber dazu bereit.

Zu sterben, umzukommen, doch nicht – sich in die Luft zu sprengen!

Sie muss an einer gefährlichen Spezialaktion teilnehmen, die den russischen Präsidenten dazu zwingen soll, Zugeständnisse zu machen und Friedensverhandlungen zu beginnen. Sie hatte den Krieg so satt!

Sie weiß, dass hinter dieser Aktion einflussreiche Leute aus Moskau stehen, die versprochen haben, dass nichts Schreckliches passieren wird. Und sie, Sara, hat nicht vor, jemanden umzubringen. Sie wird sich einfach nur diesen Anzug anziehen, das Gesicht verhüllen und Selbstmordattentäterin spielen. Schließlich spielt sie nicht zum ersten Mal.

Ich weiß nicht, ob ihr klar war, dass dies ein Hinterhalt war, und dass sie in diesem Hinterhalt der Tod erwartete.

Sie war 25, also nicht zu jung und dumm, um nicht erkennen zu können, wie groß das Risiko war. Warum also ging sie zu ihrer eigenen Hinschlachtung?

Die Antwort ist schrecklich einfach: Sie erfüllte nur die ihr auferlegte Pflicht.

Sie glauben nicht, dass sie keine Wahl hatte? Dann versuche ich es Ihnen zu erklären:

Stellen Sie sich vor, Sie sind Mitglied einer Sekte oder irgendeiner revolutionären Partei im Untergrund. Die Hierarchie ist streng, es gibt ein ideologisches Fundament, Geld wird Ihnen zugunsten eines gemeinsamen Fonds abgezogen. Man gibt und nimmt. Man bekommt etwas – und es wird entsprechend zurückgefordert. Man ist ein Rädchen im Getriebe und kann nicht „Nein" sagen in dem Moment, wo man selbst an der Reihe ist, die Verpflichtungen zu erfüllen. Schließlich hat man einen Schwur abgelegt, hat beteuert, man würde bis zum Äußersten gehen …

Auch ihr war es nicht erlaubt, „Nein" zu sagen. Schon in Baku hatte man ihr von den Vorbereitungen auf eine Spezialaktion erzählt und davon, dass sie daran würde teilnehmen müssen. Man stellte ihr falsche Papiere aus, setzte sie in einen Bus, gab ihr einen Begleiter mit, holte sie am Ort des Geschehens ab. Und dann wurde sie an ihren Bestimmungsort gebracht. Alles ganz einfach. Sie konnte nicht einmal weglaufen.

Die gescheiterte Schauspielerin ist nun im Zentrum von Moskau, in einem Theater.

„Das ist alles so ominös", sagt mir eine Dozentin. „Was für ein schreckliches Schicksal: auf der Bühne zu sterben."

Wir sitzen in einem winzigen Zimmer im Wohnheim des Theaters von Gudermes. Im Nachbarzimmer läuft ein Tonband. Ich erstarre.

„Unglaube ist der Herrscher der Welt
Den Gerechten das Diesseits ein Schafott
Doch von oben kommt der vernehmliche Ruf
Kämpfen musst du für Allah, unseren Gott.

Ewig sind die paradiesischen Gärten
Sei wie ein Pilger in dieser flüchtigen Welt
Widme dein Leben dem Dschihad, dem verehrten
Und wehr dich, den das Schicksal als Krieger erwählt!

Des hiesigen Lebens nahender Hader,
die vergängliche Welt sind Eden fern.
Die Welt trüber Träume lehrt uns aber
Die Endlichkeit dieses Lebens zu sehn.

Vorbestimmt ist das Tun auf Erden.
Hölle dem Feind – der Schahid ist erwählt.
Vergiss deine Trauer, denn du wirst erben
Den lichten Dschihad, der allein noch zählt.

Ewig sind die paradiesischen Gärten
Sei wie ein Pilger in dieser flüchtigen Welt
Widme dein Leben dem Dschihad, dem verehrten
Und wehr dich, den das Schicksal als Krieger erwählt!

Vorm Herrn wirst du stehn am Tag des Gerichts
Beim Ruf der Trompeten vom Staub auferstehn.
Es springt vor dir auf die Pforte des Lichts,
wirst durch paradiesische Gärten gehn.

Schahid, nun hörst du des Flusses Brausen
Im Paradies und der Huris Gesänge
Fern ist der Welten hektisches Sausen
Und der Sorgen schrecklich Gedränge.

Ewig sind die paradiesischen Gärten
Sei wie ein Pilger in dieser flüchtigen Welt
Widme dein Leben dem Dschihad, dem verehrten
Und wehr dich, den das Schicksal als Krieger erwählt!

Im Nachbarzimmer spielen Kinder, sie jagen einer räudigen Katze hinterher. Die Kassette ist damit nicht zu Ende, das nächste Lied über die Schahiden beginnt. Befremdet schaue ich die Frau an. Sie ist peinlich berührt.

„Diese Lieder, sie haben nichts zu bedeuten. Die hören alle bei uns, sogar die Kinder. Es ist Krieg, alles ist schwer zu ertragen, die Menschen wollen an irgendetwas glauben …“ Wir seufzen beide, Angst und ein unheilvolles Gefühl lassen uns erschauern.

„Wissen Sie, dass über unsere Sara sogar in den Zeitungen geschrieben wurde?“, fragt mich die Dozentin, wühlt in irgendwelchen Koffern und kramt eine vergilbte Zeitung hervor.

„Das ist für Sie, als Erinnerung an Sara.“

Ich blättere die Seiten um. Mein Blick bleibt an einer alten Schwarz-Weiß-Aufnahme hängen: die Diplomaufführung von

Sara Alijewa – „Die Heirat“ von Gogol. Da ist sie, die zarte Frau, sie steht auf der Bühne vor der letzten Verbeugung.

Ich überfliege die Notiz und zucke zusammen. Wer sitzt denn da in der ersten Reihe? Wer nimmt die Inszenierung ab, wer applaudiert der begabten jungen Schauspielerin?

Achmed Sakajew, der, wie man hört, Sara Alijewa ganz gut kannte. Schon immer war er der Mäzen der Schauspielfakultät der Universität von Grosny. Und in jenem schweren Jahr musste er einfach zu Diplominszenierungen der Absolventen kommen – einiger weniger (ja, bis zum Abschluss schafften es nur einige wenige!) verzweifelter Schauspieler, die geprobt hatten, als in der Stadt Bomben fielen. Wieder staune ich über die Wege des Schicksals, die sich manchmal zu einem fantastischen Muster verknüpfen, dass einem ein Schauer über den Rücken fährt: „Zufall oder Schicksal?“

Ein Schicksal, dem man nicht entfliehen kann?

Sara Alijewa hat fünf Jahre Schauspielkunst studiert, um dann, nach weiteren fünf Jahren, eine Rolle zu spielen, die die ganze Welt erschüttern sollte.

Sie zog einen schwarzen, weiten Frauenmantel mit Gesichtsschleier und ein schwarzes Kleid an und spielte drei Tage lang eine schreckliche, sehr anspruchsvolle Rolle, die einem das Herz brechen konnte.

Ich verabschiede mich von der Dozentin, steige die Treppe hinab, irre durch die Gänge des Theaters und gelange endlich nach draußen. Scharf weht ein feuchter Wind. „Sei wie ein Pilger in dieser flüchtigen Welt“ – tönen mir die Zeilen des Liedes noch in den Ohren.

Sara, hast du wirklich so gedacht?! War es das, woran du glaubtest? Und du hast wahrscheinlich auch damals auf dem Weg nach Moskau diese schwermütigen Zeilen gehört, die einem nicht mehr aus dem Kopf gehen?

Ich schlendere zum Auto und sehe sie ganz deutlich, die kleine, magere Schauspielerin. Am siebzehnten Tag des Oktobers setzt sie sich in den Linienbus Chassawjurt–Moskau.

Ihr bleiben noch 10 Tage zu leben. Sie wird noch einmal auf das gelbe Laub blicken, auf den aufgeweichten Herbstboden draußen, auf der langen Fahrt ihr Leben rekapitulieren.

Sie denkt vielleicht an ihren Bruder Mowsar, der in ihren Träumen noch lebendig ist und lacht wie ein kleiner Junge. An ihre Mutter. An ihren ersten Auftritt, als ihr die Knie zitterten. An ihre Diplomprüfung, als es schien, als würde das Leben – lang und schön – gerade erst beginnen.

Doch heute hat sie Angst, und ihre Hände sind eiskalt. Wenn nun alles aufhört, ohne recht begonnen zu haben? Wenn sie nun nie mehr aus dieser fremden Stadt zurückkehren wird, der sie entgegenrollt?

Sie sieht auf die geschlossenen Bustüren, auf die Menschen, die mit ihr fahren; sie sieht den Regen, der die Fensterscheibe herabrinnt, und weiß, dass es keinen Ausweg gibt.

ASSET GISCHLURKAJEWA

Asset Wachidowna Gischlurkajewa wurde am 15. August 1973 im Dorf Atschchoi-Martan in der Tschetschenischen Republik geboren.

Ihr Haus wurde von russischen Militärs in die Luft gesprengt.

Asset war verwitwet. Außerdem war sie die Mutter eines kleinen Kindes, hatte einige Monate vor dem Terroranschlag im Dubrowka-Theater das zweite Mal geheiratet – einen Mann aus dem Dschamaat.

In ihrem Leben, das schwer und leidvoll gewesen war, geprägt von Bombenangriffen und Beerdigungen, hatte es wenig Erfreuliches gegeben. Ruhe suchte sie in der Religion. Sie hatte den Krieg satt. Sie hatte dermaßen verzweifelt versucht, den Krieg zu stoppen, dass sie zu weit

Dorthin, wo es keinen Ausweg mehr gab.

Als das mit „Nord-Ost" geschah, wurde zu allererst ihr Haus in die Luft gesprengt. Ihre Mutter versucht zu erklären, was passiert ist und sagt, dass sie von nichts gewusst habe. Ihre Tochter habe ihr nur gesagt, sie wolle nach Rostow zur ärztlichen Behandlung in die Geburtsabteilung und Pädiatrie fahren.

Doch kaum war das Haus gesprengt worden, zog Assets Mutter zusammen mit ihrem Enkel nach Aserbaidschan. Genau dort sollten die Verwandten der Terroristen das versprochene Geld für „Nord-Ost“ und Wohnraum erhalten.

Trauriger Schluss: Assets Mutter fuhr nach Aserbaidschan, weil sie wusste, dass sie genau dorthin fahren musste. Das bedeutet, sie log, als sie sagte, sie wisse nicht, wo ihre Tochter hatte hinfahren wollen. Übrigens, auch alle anderen Eltern haben gelogen …

Asset nahm nicht den Linienbus Chassawjurt – Moskau wie die meisten der Terroristen. Sie wurde von anderen Leuten angeworben und in die Hauptstadt gebracht. Und sie kam über eine andere Reiseroute, über Nasran (Inguschetien)–St. Petersburg–Moskau. In St. Petersburg hatte sie fast einen Monat gelebt und sich seelisch auf das vorbereitet, was geschehen sollte. Sie lebte nicht allein, sondern mit zwei Männern, einer Frau und einem kleinen Kind. Und ein paar Tage vor „Nord-Ost“ wurde sie von ihren Aufpassern nach Moskau gebracht.

MALISCHA MUTAJEWA

Malischa Daudowna Mutajewa wurde am 3. Oktober 1971 im Dorf Walerik im Rayon Atschchoi-Martan in der Tschetschenischen Republik geboren. Sie hatte eine Busfahrkarte bei sich für die Fahrt Machatschkala – Moskau, die sie am 22. Oktober 2002 antrat.

Ihr Haus wurde von russischen Militärs in die Luft gesprengt.

Nach inoffiziellen Angaben wohnen Malischas Verwandte jetzt in Aserbaidschan.

SARETA BAIRAKOWA

Sareta Dolchajewna Bairakowa wurde am 30. April 1976 im Stapromyslowki-Rayon der Stadt Grosny geboren. Registriert war sie unter folgender Adresse: Grosny, Majakowski-Straße 136, Wohnung 30, die sich jedoch als ungültig erwies. Sie hatte eine Busfahrkarte Chassawjurt – Moskau bei sich, Verkaufsdatum 17. 10. 02, Abfahrtsdatum 19. Oktober 2002.

In ihrem Pass lag ein Zettel: „Treffpunkt 27 (21) Oktober 2002, Stadion ‚Luschniki‘“.

34 Jahre alt, Schwester des bekannten Rebellen Baudi Bakujew.

Diese Frauen waren der „ideologische Kader“ von „Nord-Ost“. Sie wussten, wo es hinging und haben ihre Wahl bewusst getroffen. Fast alle von ihnen waren verwitwet. Sareta Bairakowa, Malischa Mutajewa und Asset Gischlurkajewa hatten Kinder. Entweder haben sie sie im Krieg verloren, oder sie ließen sie freiwillig als Waisen zurück. Frauen mit einem harten Schicksal.

Diese Frauen wussten, wofür sie in den Tod gingen. Sie wussten, dass der Sprengstoff nicht echt war, deswegen versuchten sie erst gar nicht, den Sprengmechanismus während der Erstürmung auszulösen. Obwohl sie drohten, Geiseln umzubringen, hatten sie gar nicht vor, dies zu tun. Diese Frauen haben nur ihr eigenes Leben riskiert.

Sie hatten gehofft, lebend wieder herauszukommen, etwas für ihr Volk tun zu können, Geld zu bekommen und ein neues Leben anzufangen, ohne Krieg.

Alle haben alles gründlich überlegt, abgewogen und dann eine Entscheidung getroffen. Sie hinterließen keine Spuren – ihre Häuser in Tschetschenien sind dem Erdboden gleichgemacht worden und ihre Verwandten nach Aserbaidschan umgesiedelt.

Alle hatten echte Pässe, waren aber unter falschen Adressen registriert. Bevor sie in den Tod gingen, hatten sie dafür gesorgt, ihre Verwandten keiner Gefahr auszusetzen und ihnen die Chance zu geben, die Republik auf schnellstem Wege verlassen zu können.

Sie wussten, worauf sie sich eingelassen hatten … Alle anderen Frauen waren jedoch irrtümlich bei „Nord-Ost“. Sie wollten nicht dorthin, wollten nicht sterben. Sie hatten ihre Eltern gebeten, sie da rauszuholen, sie zu retten, zu beschützen, doch sie wurden von allen verraten, denen sie vertrauten.

Kapitel 2
Junge Frauen - mit Betrug und Gewalt rekrutiert.

Saira Jupajewa ist gewarnt worden, dass sie bei einer Geiselnahme würde mitmachen müssen. Sie will nicht an einem Terroranschlag beteiligt sein, fürchtet jedoch, dass man sie so oder so dazu zwingen wird. Deswegen bittet sie ihre Mutter: „Mama, wirst du mich finden, wenn man mich fortschafft?"

DIE SCHWESTERN GANIJEWA

Chadtschat Sulumbekowna Ganijewa wurde am 1. April 1986 im Dorf Assinowskaja des Rayons Atschchoi-Martan in der Tschetschenischen Republik geboren.

Fatima Sulumbekowna Ganijewa wurde am 1. November 1975 geboren.

Die Militärs sprengten gleich nach „Nord-Ost" ihr Haus in die Luft.

Nach inoffiziellen Angaben lebte die Familie Ganijew nach dem Terroranschlag fast ein halbes Jahr in Aserbaidschan. Als sie zurückkehrte, machten sie sich an die Wiederherstellung ihres zerstörten Hauses, überlegten eine umfassende Renovierung. Auf die Frage, woher sie das Geld dafür hätten, antworten sie ausweichend, dass sie Hilfe von guten Menschen bekämen.

Sie liegt mit geöffneten Augen auf dem Boden des Dubrowka-Theaters. Zart ist sie, gebaut wie ein Teenager, mit schmalen Handgelenken und Knöcheln.

Chadtschat Ganijewa war die jüngste der Frauen, die in jenen schrecklichen Tagen bei „Nord-Ost" dabei waren.

16 Jahre alt. Stellen Sie sich das vor, 16!

Ich fahre durch Assinowskaja auf der Suche nach dem Haus, in dem das Mädchen lebte. Das Auto hält vor einem großen Trümmerhaufen. Vom Zaun ist nur ein wunderliches Gerippe geblieben. Leere klafft in den Fenstern.

„Vorsicht!“, ruft mir mein Begleiter zu. „Geh auf keinen Fall ins Haus, das könnte vermint sein!“

Trotzdem öffne ich die quietschende Tür. Der Geruch von Lammfell und feuchtem Holz dringt mir in die Nase.

In einem der Zimmer – es war eines der wichtigsten im Haus, danach zu urteilen, wie gut die Einrichtung erhalten ist – sehe ich ein erstaunliches Mosaik an der Wand:

Arabische Schriftzeichen, eine Moschee, einen Halbmond mit einem Stern und einen weißen Fleck, der sorgfältig mit Spachtelmasse überzogen ist.

Offensichtlich hat man den arabischen Text schnell verwischen wollen, dies außerdem für äußerst wichtig gehalten. Stellen Sie sich vor, Sie müssen in kürzester Zeit Ihre Habseligkeiten zusammensuchen und fliehen (wie es bei Familie Ganijew der Fall gewesen war, als die Militärs ihnen zum Packen einige Stunden gegeben hatten) – und statt die Koffer zu füllen, klettert der Hausherr auf einen Hocker und entfernt irgendwelche arabischen Wörter von der Wand.

Was an dieser Aufschrift hätte ihn kompromittieren können?

Ich schaue in ein anderes Zimmer. Man sieht, dass die Bewohner es wirklich eilig hatten.

Die Schranktüren stehen immer noch offen, die Tapeten sind halb abgerissen, ein Kinderschuh liegt verstaubt in der Ecke.

Die Familie Ganijew war sehr groß – die Eltern und zehn Kinder. Sie lebten arm, aber ehrlich, wie man in Russland zu sagen pflegt.

„Und ihre Kinder waren sehr fleißig, haben auf dem Feld gearbeitet und etwas angepflanzt, damit sie zu essen haben. Kleidung wurde untereinander weitergegeben“, erzählt eine Frau, die die Familie gut kannte. „Alle waren sehr fromm, die Mädchen trugen stets Kopfbedeckung. Chadtschat war sehr still und gehorchte ihrem Vater und ihrem älteren Bruder. Die waren in ihrer Familie die Autorität. Raissa, die mittlere Tochter, warb Selbstmordattentäterinnen an. Ehrlich gesagt fürchtete man ihre Familie. Raissa trug Hosen, rauchte und benahm sich wie ein Flegel. Sie war in der Lage, im Laden irgendetwas zu nehmen und nicht zu bezahlen. Und niemand sagte etwas dazu!“

„Und warum?“

„Alle wussten, dass die Ganijews Wahhabiten sind, und der älteste Bruder Rustam hat in den Bergen an der Seite von Schamil Bassajew gekämpft, war seinem Kommando unterstellt."

„Was glauben Sie, ist es möglich, dass Vater Ganijew nichts davon wusste, wohin seine Töchter wollten?"

„Ausgeschlossen. Sie haben offen den Kontakt zu Bassajew gehalten, Raissa hat ganz offen Selbstmordattentäterinnen angeworben, und ihr Vater wusste das. Chadtschat und Fatima fürchteten und achteten ihren Vater, es ist also unvorstellbar, dass sie aus freien Stücken von zu Hause weggerannt und irgendwohin gefahren wären."

„Und wo sind die Ganijews jetzt?"

„Die sind gleich nach ‚Nord-Ost' abgereist. Man erwartete sie in Baku. Dort wollten sie sich neu einrichten."

„Und wer hat sie dort erwartet?"

„Nun, das kann ich nicht sagen, wer sie dort erwartete. Ich weiß bloß, dass sich wichtige Leute um ihr Wohlergehen kümmerten."

Das ist alles, was ich über Chadtschat und Fatima an diesem Ort herausfinden konnte, in ihrem heimatlichen Assinowskaja. Alles Übrige erfuhr ich über meine Quellen.

Die Familie Ganijew beginnt während des Krieges, sich zum Wahhabismus zu bekennen. Nach den Eltern finden auch die Kinder daran Gefallen. Und in Tschetschenien gab es praktisch keine passiven Wahhabiten.

Wer nicht mit in den Kampf konnte, half auf andere Weise: deckte oder versteckte Rebellen, transportierte Geld oder Waffen, kümmerte sich um Anwerbungen.

Auch die Familie Ganijew blieb nicht untätig – rechtschaffene Muslime, die weder tranken noch rauchten und fünfmal am Tag beteten.

Chadtschat bekam in ihrer Familie oft zu hören, dass die Russen gekommen seien, um die Muslime zu vernichten, dass ihre Brüder umgekommen seien, als sie Allah verteidigten, dass jeder gläubige Muslim den Ungläubigen den Dschihad verkünden und kämpfen müsse. Kämpfen bis zum letzten Blutstropfen.

Chadtschat saugte das alles auf wie ein Schwamm. Sie besuchte irgendeine geheime Gemeinschaft, wo junge Männer und Frauen zusammenkamen, um die Sunna und den Koran zu studieren, den tschetschenischen Sänger Muzarajew zu hören, die Auslegungen der Propheten in Schulhefte zu schreiben und Arabisch zu lernen.

Nach Aussagen der Nachbarn studierte Chadtschat sogar in irgendeinem islamischen Zentrum der Stadt Baku – das Mädchen wurde darauf vorbereitet, Schahidin zu werden.

Auf der Grundlage des Islams freundeten sich Chadtschat und Fatima mit Sura Bizijewa an, die sich wahhabitische Bücher bei ihnen auslieh und in engem Kontakt zu Raissa stand. Und da waren die gottesfürchtigen Mädchen, die Kopftücher trugen und erfüllt waren vom Koran, plötzlich sehr gefragt.

Die Leute aus dem Dschamaat kommen auf Sulumbek Ganijew zu, den Vater von Chadtschat. Dessen ältester Sohn Rustam Ganijew – ein in Assinowskaja bekannter Rebell und Wahhabit – gehört zu jenen, die die Selbstmordattentäterinnen auf den Weg schicken. Und eine seiner Töchter – Raissa – suchte nach potenziellen Selbstmordattentäterinnen unter unglücklichen Frauen, unter Witwen, Kranken, Verzweifelten etwa.

Also, die Leute aus dem Dschamaat kommen auf die Ganijews zu, als bis zum Beginn der Aktion nur noch wenig Zeit bleibt und von oben der Befehl kommt: zu wenig Frauen, es werden noch welche gebraucht, möglichst jüngere.

Der Sohn Rustam Ganijew, die Tochter Raissa Ganijewa und der Vater Sulumbek Ganijew beschließen, Chadtschat und Fatima in den sicheren Tod zu schicken. Wahrscheinlich können Sie das nicht glauben. So wie ich es nicht glauben konnte. Wie kann eine Frau ihre eigenen Schwestern in den Tod schicken? Wie der Bruder, der Vater?

Blut von ihrem Blut, Fleisch von ihrem Fleisch.

Doch sie konnten es.

Sulumbek ist ein bewährter Mann, ihm wird gesagt, dass eine gefährliche Aktion geplant ist, für die Menschen gebraucht werden, die die Rolle von Selbstmordattentätern spielen.

Ganijew wird gesagt, dass die Sache natürlich riskant ist – doch dass sehr wichtige Menschen in Moskau dahinter stehen, die kein blutiges Finale zulassen werden. Man will nur den russischen Präsidenten ein bisschen erschrecken. Sie sollen die entsprechende Bekleidung und die Schahidengürtel anlegen, doch niemanden in die Luft sprengen. Das Risiko besteht darin, dass die „Selbstmordattentäter" bei der Erstürmung vernichtet werden könnten.

Sulumbek denkt nach. Man verspricht ihm, ihm unabhängig vom Ausgang der Aktion den Umzug nach Baku zu bezahlen und ihm einige zehntausend Dollar zu geben. Man sagt ihm, dass diese Aktion Putin dazu zwingen wird, Friedensverhandlungen aufzunehmen.

Ja, und schlussendlich – sollte Chadtschat und Fatima etwas zustoßen, hat Sulumbek ja noch mehr Kinder.

Und er gibt seine Zustimmung.

Drei Tage vor der „Nord-Ost"-Geiselnahme kauft man Chadtschat und Fatima Fahrkarten und setzt sie in den Linienbus Chassawjurt–Moskau. In Moskau werden sie abgeholt und an sicherem Ort untergebracht. Am 23. abends werden sie bereits im Saal des Dubrowka-Theaters sein, wo ahnungslose Menschen sich ein Musical ansehen.

Natürlich sind sie aufgeregt. Doch man hat ihnen versprochen, dass sich in Moskau verlässliche Leute um sie kümmern werden, die selbstverständlich nichts Schreckliches zulassen werden. Chadtschat weiß gar nichts. Sie denkt, dass sie eine echte Schahidin ist. Falls etwas sein sollte – sie trägt den Gürtel, sie wird auf den Detonator drücken, und alles ist vorbei. Sie kommt ins Paradies und stirbt als Heldin.

An ihrem rechten Arm trägt Chadtschat eine dünne Metallarmbanduhr. Unhörbar betet sie auf der Fahrt. Sie weiß, dass Allah sie nicht verlassen wird. Allah ist allmächtig, er sieht alles, er weiß alles. Wahrscheinlich wusste Allah im Unterschied zu Chadtschat auch schon lange, dass der Sprengstoff in ihrem Gürtel nicht echt sein wird.

Und deswegen wird die erschrockene Chadtschat, als die Erstürmung beginnt, fieberhaft versuchen, die Klemmen kurzzuschließen, um schnell in den Himmel zu fliehen vor dem Gas und dem schießenden Sonderkommando.

Doch der Sprengstoff zeigt keinerlei Reaktionen auf Chadtschats Bemühungen und auf ihre Tränen.

Das Mädchen fängt in ihrer Verwirrung an zu beten, schnappt nach Luft und sieht einen Mann des Sonderkommandos auf sie zulaufen, der seinen Maschinengewehrlauf auf ihre Stirn richtet.

Vergessen Sie nicht, dass die jüngste der „Nord-Ost-Schwestern" vor kurzem erst 16 geworden war.

Sie ist noch zu jung und zu unerfahren, um sich Gedanken zu machen über menschliche Gemeinheit und Verrat.

SURA BIZIJEWA

Sura Reswanowna Bizijewa wurde am 23. April 1980 im Dorf Samaschki in Tschetschenien geboren, in der letzten Zeit lebte sie im Dorf Assinowskaja im Rayon Atschchoi-Martan der Tschetschenischen Republik. Sie hatte das Lyzeum in Grosny besucht. Suras Mutter verließ nach dem Terroranschlag schleunigst die Republik und ließ die Familienwohnung zurück. Nach inoffiziellen Informationen lebt sie jetzt in Aserbaidschan.

Als Sura vom Sonderkommando erschossen wurde, war sie 22, genauso alt wie ich jetzt, da ich dieses Buch schreibe. Aber ich möchte überhaupt nicht sterben – nicht für den Frieden auf der Welt, nicht für einen geliebten Menschen, nicht für Gott.

Ich will leben.

In diesem Alter schalten sich gerade erst die Geschmacksrezeptoren ein, man beginnt zu fühlen, wie es schmeckt, das Leben. Warum es also abbrechen, wo es einem nur einmal gegeben ist?

Jetzt begreife ich den Unterschied zwischen mir und meiner Altersgenossin Sura: Sie war nicht der Auffassung, dass mit dem Tod ALLES vorbei sei. Sie dachte, dass mit dem Tod erst ALLES richtig losgeht. In paradiesischen Gärten und einem Schlaraffenland. Um das Leben, das sie führte, tat es ihr nicht Leid. Armut, Teenager-Komplexe, eine unerwiderte Liebe. Eine ewige innere Anspannung, und draußen – der Krieg, nächtliches Klopfen an der Tür und die Gesichter betrunkener Soldaten. Sie erinnert sich an die Geschichte von Fatima Ganijewa, die einmal von Soldaten für einige Tage mitgenommen worden war. Sie erinnert sich, wie verdüstert diese zurückgekommen ist.

Dieses Leben hier ist ein nicht enden wollender Dreck, sie aber sucht nach Reinheit. Nach dem Licht am Ende des Tunnels. Und sie meint, dass sie es gefunden hat, es ist bei Allah …

Um zu verstehen, warum Sura nicht an das Gute auf Erden glauben konnte, fahre ich nach Samaschki – das tschetschenische Dorf, in dem sie geboren wurde.

Zunächst fahre ich zum örtlichen Polizeirevier, das Gebäude erinnert eher an einen landwirtschaftlichen Speicher. Am Eingang stehen drei Milizionäre mit Gewehren über der Schulter.

Als sie von „Nord-Ost“ hören, erschrecken sie, wechseln einen Blick und bringen mich zum „Dorfsheriff“. Der betagte Tschetschene Ljoma seufzt traurig, als ich ihn nach der Familie Bizijew frage.

„Leider kann ich Ihnen nicht weiterhelfen. Die Bizijews kannte ich nicht, ich kann nichts über sie berichten. Und überhaupt, wer sagt denn, dass sie hier gewohnt haben?“

Schon wieder das gleiche Lied. Heißt das, er legt mir nahe, mich umzudrehen und zurückzufahren? So geht das nicht.

„Ljoma, auch wenn Sie vor dem Oktober 2002 die Familie Bizijew nicht kannten, dann dürften Sie zumindest im Oktober um diese Bekanntschaft nicht herumgekommen sein. Denn eine Woche nach der Erstürmung kamen Leute vom FSB zu ihnen, und für die haben sie nach ihrer Adresse gesucht und nach dem Lebenslauf und ihrem gegenwärtigen Aufenthaltsort.“ Ljoma schaut mich traurig und irgendwie hündisch an.

„Sie wohnen hier schon seit vielen Jahren nicht mehr, sie sind ins Dorf Assinowskaja gezogen. Von dort aus hat sich Sura auch auf den Weg zu ‚Nord-Ost‘ gemacht.“

„Warum sind sie dorthin umgezogen?“

„Sie konnten sich hier nicht einleben. Verstehen Sie, sie hatten sehr schwierige Familienverhältnisse. 1988 war der Vater bei einer Schlägerei gestorben. Er war betrunken, sein Bruder auch, sie zankten sich, stürzten sich mit Messern aufeinander. Und das war tödlich. Seitdem hat die Mutter die beiden Mädchen allein aufgezogen: Sura und ihre ältere Schwester. Arm haben sie gelebt. Dann haben sie das Haus, in dem der Vater getötet worden war, doch noch verkauft; ich weiß nicht, entweder, um die Erinnerungen loszuwerden oder aus irgendwelchen anderen Gründen. Sie zogen erst in ein anderes Dorf, dann nach Assinowskaja. Sie waren wie Flüchtlinge, hatten keine eigene Wohnung, mieteten nur einen Winkel an. Sie waren arm." „Waren sie religiös?"

„Davon weiß ich nichts. Sura war ganz klein, als sie von hier wegzogen. Ihre Mutter war eine gewöhnliche Arbeiterfrau. Was dann aus ihnen wurde, weiß ich ehrlich nicht, fahren Sie nach Assinowskaja."

Mir wird einiges klarer. In Tschetschenien keinen Vater zu haben, ist ein Vorbote einer trostlosen Zukunft. Als „Vaterlose" hat man sich ein für alle Mal zu merken, dass niemand da ist, der einen verteidigt, wenn man angegriffen wird. Und Sura hatte nicht einmal einen älteren Bruder: Die Familie bestand ausschließlich aus Frauen, wehrlos und schwach. Und das in einer muslimischen Republik zu Kriegszeiten.

Ich gehe davon aus, dass diese Tatsache keine geringe Rolle dabei gespielt haben dürfte, dass Sura zunächst bei den Wahhabiten, und später auch im Kader der Geiselnehmer von „Nord-Ost" war.

In Assinowskaja gibt es kein Café, in dem man einen Happen essen könnte, keine normalen Geschäfte, nicht einmal ein Polizeirevier fand sich dort. Für das ganze Dorf gibt es nur einen Abschnittsbevollmächtigten, doch wo man ihn finden kann, weiß keiner. Und im Dorfsowjet ist gerade Mittagspause, die sich den halben Tag hinzieht.

Ich stehe zusammen mit tschetschenischen Frauen in der Schlange, ich gehe ihre Wege Schritt für Schritt nach. „Sura, warum nur hast du das getan?", frage ich mich immer wieder in Gedanken.

Endlich erscheint die Sekretärin des Vorsitzenden des Dorfsowjets. Die Miene der lächelnden, rundlichen Frau verdüstert sich sofort, als sie erfährt, dass ich eine Journalistin aus Moskau bin.

„Kommen Sie herein", sagt sie trocken und schließt die Tür hinter mir.

„Ich komme wegen Sura Bizijewa", beginne ich und hole meinen Journalistenausweis hervor.

„Das habe ich begriffen", sagt sie und schaut sich nicht einmal meinen Ausweis an.

„Dann erzähle ich gleich mal alles, was ich weiß, damit wir keine Zeit verlieren – die Frauen dort werden gleich Fragen stellen, aber es sollte kein Lärm darum gemacht werden“, demonstriert sie mir gleich ihren geschäftigen Biss. „Der FSB war auch bei uns, wir haben für sie alle Papiere vorbereitet, also wird es nun für mich leichter sein, das alles zu erzählen. Also – Sura. Ich habe das Mädchen persönlich gekannt. Mein Eindruck: nicht sonderlich sympathisch, trug ständig ein geschlossenes Tuch. Soweit ich weiß, war sie äußerst religiös. Und außerdem: Sie machte einen niedergedrückten Eindruck.

Ein junges Mädchen, sie hätte erblühen müssen, lächeln, sich am Leben freuen. Doch sie lief immer in schwarzer oder dunkler Kleidung rum und war völlig verhüllt.

Man konnte einen ganzen Tag mit ihr zusammen sein, ohne auch nur ein Wort von ihr zu hören. Können Sie sich das vorstellen? Sie hörte einem nur zu, den Blick gesenkt, und antwortet kein einziges Mal. Die war … wie vernagelt … Unterwürfig.

Wenn man anfing, ihr Fragen zu stellen und nicht locker ließ, presste sie nur ein „Ja“ oder „Nein“ heraus. Das war alles. Mehr war nicht aus ihr herauszubekommen, da konnte man machen, was man wollte.

Ich weiß, dass sie in Grosny auf irgendeinem College für Sekretärinnen und Referentinnen gelernt hat. Ich muss gestehen, ich kann mir nicht vorstellen, wie sie in diesem Beruf gearbeitet hätte. So ein Trauerkloß!“

„Wo kann ich ihre Mutter finden?“

„Hier ist niemand mehr von denen zu finden“, sagt Leila spöttisch lächelnd. „Ihre Mutter hat sich sofort aus dem Staub gemacht, als das passierte. Ich weiß nicht wohin, in solche Dinge werden wir nicht eingeweiht. Ihr Haus wollten die Militärs sofort Luft sprengen, dann haben sie es aber trotzdem stehen lassen. Doch nur deshalb, weil sie das Haus zur Miete hatten. Die Besitzer kamen angelaufen und flehten darum, dass man ihr Haus nicht anrühre, was konnten sie denn dafür. Das Haus der Ganijews hingegen wurde gesprengt. Von einem der Splitter wurde ein Nachbarkind fast getötet, sie haben es ins Krankenhaus geschafft.“

„War Sura mit Chadtschat Ganijewa befreundet?“

„Was haben Sie denn gedacht? Beide kamen aus dem gleichen kleinen Dorf, beide trugen Kopftücher, beide waren sehr religiös. Sie lasen zusammen religiöse Bücher. Beide sind von hier, aus dem kleinen Assinowskaja, nach Moskau gefahren. Meinen Sie, das ist ein Zufall?“, grinst sie. „Doch das geht mich nichts an. Mehr weiß ich nicht, was Ihnen nützen könnte.“

Am 17. Oktober besteigt Sura den Linienbus Chassawjurt–Moskau. Es ist Mitte Oktober, regnerisch, aber noch warm. Im Bus wird sie nicht allein sein – neben ihr sitzt noch jemand aus dem Kommando, welches das Theaterzentrum in Moskau „erobern“ wird. Wie immer spricht sie kaum ein Wort während der Fahrt. Den ganzen Weg über wird sie schweigen und aus dem Fenster sehen. Ach ja, Sura wird beten, die Fäuste zusammenpressen und die Suren des Korans vor sich hin sprechen. Sie weiß, dass sie dort, in Moskau, einen wichtigen Einsatz erledigen müssen – die ganze Welt glauben machen, dass sie Schahidinnen sind. Schahid zu sein ist eine hohe Bestimmung, doch nicht jeder kann sich ohne zu zaudern umbringen. Wird sie es können? Das ist doch so schrecklich …

Doch etwas gibt ihr die Kraft, keine Angst zu haben, nicht zu fliehen, weder zu weinen noch zu zittern. Es ist nicht nur der Glaube an Allah.

In Suras Handtasche liegt eine Rückfahrkarte Moskau–Chassawjurt. Eine kleine Falle für naive Mädchen!

Sura ist sich absolut sicher, dass sie in genau zehn Tagen wieder zurückkehrt. Und deswegen ist sie ruhig. Aufmerksam sehe ich mir die Videoaufzeichnung an, die von den Rebellen im Theaterzentrum gemacht worden ist. Sura habe ich dort auch gesehen. Sie hatte sich zum Ausruhen auf die breiten Treppenstufen am Ende des Saales gelegt. Unter ihrem schwarzen Kleid lugen eine hellblaue Jeans und ein Sweater hervor. Ich hatte recht: Sie rechnete damit, zurückzukehren, deswegen war sie auch so gekleidet, damit sie im Falle einer Erstürmung das schwarze Gewand leicht abwerfen und in einfacher Kleidung bleiben konnte, die Mädchen in ihrem Alter tragen – in Russland und überall auf der Welt.

Sie hat den Menschen geglaubt, die sie für ihre Nächsten hielt. Jenen, die sie davon überzeugen wollten, dass alles gut ausgehen würde, dass der Krieg aufhört …

Die Menschen, die Sura in den Tod schickten, berücksichtigten eine feine psychologische Nuance: Sie kauften ihr eine Hin- und Rückfahrkarte und gaben ihr damit die Hoffnung auf eine Wiederkehr.

„Am 27. Oktober", denkt Sura, „werde ich zu Hause sein, und all das wird hinter mir liegen."

In gewisser Weise hat sie Recht behalten – am 27. Oktober hatte Sura tatsächlich alles hinter sich.

MARINA BISULTANOWA

Marina Nebijullajewna Bisultanowa wurde am 21. Dezember 1983 geboren, polizeilich gemeldet war sie im Dorf Berkat-Jurt in der Tschetschenischen Republik. Lange Zeit hatte sie in Aserbaidschan gelebt. Ihre Familie besteht aus Vater, Mutter und zwei Schwestern.

Ausgerechnet sie wurde zu einer der Sensationen von „Nord-Ost". Die Nachrichtenagenturen verkündeten um die Wette: ‚Unter den Kamikaze-Frauen ist eine Blondine. Vielleicht ist sie Slawin.' Doch dem war nicht so. Sie war durch und durch Tschetschenin, hatte wunderschöne braune Augen und blondes Haar. So war sie, Marina Bisultanowa.

Ich fahre zu ihren Eltern und bin sehr unruhig. Ich zucke zusammen und komme erst wieder zu mir, als mein Wagen zu einem schrecklichen Geheul anhebt, zu rutschen anfängt und Dreckklumpen unter den Reifen hervorspritzen – das Auto ist mitten im tschetschenischen Dorf Berkat-Jurt stecken geblieben. Ich frage Passanten nach der Straße, dem Haus, dem Namen – niemand hat sie je gehört, niemand kennt sie. Später stellt sich heraus, dass die Bisultanows Umsiedler waren und erst seit einem Jahr hier leben.

Dafür verdüstert sich die Miene des Vorsitzenden des Dorfsowjets, als er den Namen Bisultanow hört. Und nachdem er eine Weile gezögert hat, gibt er mir eine Begleitperson mit: „Aber erzählen Sie bitte nicht herum, in welcher Angelegenheit Sie hier sind."

Ein heruntergekommenes Haus am Dorfrand.

Als wir dort ankommen, wird meine Begleiterin – die Tochter des Vorsitzenden – plötzlich gesprächig.

„Ich kannte Marina persönlich."

„Was glaubst du, warum hat sie sich auf so etwas eingelassen?"

„Sie war verheiratet, wissen Sie das? Nein? Das ist der Grund. Ihr Vater versteckte sie vor ihrem Mann, brachte sie an andere Orte, doch das half alles nichts. Mehrere Male kamen sie mit dem Auto hierher, um sie zu holen. Jedes Mal gab's Krach. Sie drohten, dass sie sie in jedem Fall mitnehmen würden."

„Wohin?"

„Davon weiß ich nichts. Ich weiß nur, dass es gefährliche Leute waren, böse Menschen. Marina hat sehr darunter gelitten, dass sie sie nicht in Ruhe ließen. Sie weinte oft ..."

Und dann sagt sie unvermittelt nach einigem Nachdenken: „Sie war schön und ziemlich jung, das war es ..."

So plötzlich, wie das Mädchen angefangen hat zu reden, verstummt es auch wieder. Wir steigen aus dem Auto und gehen auf das Haus zu. Es gibt weder einen Weg noch Rasen. Ringsum nur frühlingshaft aufgeweichter Boden. Die Tür öffnet sich, und auf der Schwelle erscheint ein kleiner Mann mit einer sich ankündigenden Glatze, etwas dürr ist er und sieht trotzdem gut aus.

Ich schaue ihn an und erkenne Marinas Augen wieder – schöne, teefarbene Augen, eigenartig asiatisch geschnitten. Als er erfährt, dass ich gekommen bin, um über seine Tochter zu sprechen, zuckt er zusammen, bittet mich jedoch ins Haus.

Ein Holzfußboden, ein altes Sofa, ein großer Esstisch in der Mitte des Zimmers. Aus jedem Winkel schaut die Armut hervor. Ich setze mich aufs Sofa. Mir ist die Situation unangenehm.

Nabi, so nennt man Marinas Vater, ist nervös, und seine Hände zittern, als ich ihm die Fotos von seiner Tochter gebe: lebend auf den Ausweispapieren, und tot – nachdem alles vorbei war. Er setzt eine Brille mit dicken Gläsern auf, die ihm gleich wieder herunterfällt. Er ruft seine Frau, und sie sehen sich die Aufnahmen gemeinsam an.

„Das ist unsere Tochter", presst er heraus. Er hält sich die Hände vors Gesicht und zittert lautlos.

Kurz zuvor hat Nabi seine Tochter zum ersten Mal wieder gesehen, nach jenem Septembertag, als man sie ihm wegnahm.

Der Vater hat seine Tochter als Leichnam wieder gesehen. Die zerzausten Haare, die er früher zu Zöpfen geflochten hatte. Die halb geöffneten Augen, in denen Schrei und Verzweiflung erstarrt sind. Der halb geöffnete Mund, der im letzten Moment gierig nach Luft suchte, doch nur Gas fand.

„Marina, mein Mädchen“, schreit die Mutter. Sie rennt aus dem Zimmer und beginnt wie eine verletzte Wölfin durch das Haus zu laufen. Schreie, Tränen, Verwünschungen.

„Diese Hündin!“, sagt Nabi plötzlich. „Hat sie sie doch verschleppt ... entführt ...“

Er bittet mich um die Mappe mit den Gesichtern der Getöteten. Krampfhaft blättert er sie durch, erkennt jemanden, doch findet den wichtigsten Menschen nicht, den er dort sucht.

„Sind das wirklich alle, die dort waren?“

„Es sind alle, die vom russischen Sonderkommando vernichtet worden sind. Diejenigen, die dort waren, aber fliehen konnten, kennen wir nicht.“

„Sie war nicht da ... diese Hündin ...“ Mir scheint, dass er gleich zu weinen anfängt. Seine Hände finden keine Ruhe – sie berühren entweder sein Gesicht oder die Brille, die auf dem Tisch liegt, oder das Tischtuch.

„Wer war nicht da?“

„Diejenige, die sie uns weggenommen hat. Diejenige, die ihr auf den Fersen gewesen ist und sie keine Minute aus den Augen ließ.“

„Erzählen Sie, Nabi“, bitte ich leise.

Er weint. Ein Vater, der seine geliebte Tochter verloren hat. Ein Vater, der sie eine Minute zuvor das erste Mal tot gesehen hat.

„Alle diese Mädchen wurden von Frauen angeworben. Eine war aus Gudermes, die andere die Ehefrau des Feldkommandeurs Arslanbek Nowolakski, das Bandenweib Witalijewa. Und eine dritte Anwerberin kam aus Staraja Sunscha – sie hat auch ihre Töchter dorthin geschickt.“

Es scheint, als würde das Zimmer schwimmen wie ein Boot in einem stürmischen Meer. Der Fußboden dröhnt.

„Irren Sie sich auch nicht?“, frage ich Nabi.

„Irren? Ich weiß, wer das alles organisiert und wer die Mädchen in ganz Tschetschenien zusammengesucht hat. Und diese Frau kenne ich persönlich, hier sind ihre Töchter", und er zeigt mir die Fotos von Aiman und Koku Chadschijewa, die wir bereits kennen, Sie und ich. Ich wechsle erstaunt einen Blick mit meinem Begleiter, mit dem ich einige Tage zuvor bei der kränklichen und Mitleid erregenden Cheda Chadschijewa gewesen bin.

„Da ist er!", schreit Nabi plötzlich auf.

„Wer?"

„Er …", Nabi weicht vor einem Foto zurück. „Er ist es …"

Es scheint, als habe Nabi für eine Minute meine Anwesenheit vergessen, er ist versunken in eine mir unbekannte, doch nicht lang zurückliegende Vergangenheit. Was hat ihn so erschreckt?

Ich gehe zu ihm hin und sehe mir dieses wichtige Foto an.

Und was sehe ich? Einen jungen Mann in einem weißen Hemd mit Krawatte. Fuad Schachambijewitsch Chunow, Karatschajewo-Tscherkessien. Ja und? Weder der Name noch das Gesicht sagten mir damals etwas. Dieser Mensch war, glaube ich, nicht mal unter den Toten. Auch unter den „Hauptterroristen" und den Organisatoren hatte es keinen Menschen mit diesem Namen gegeben.

„Wer ist das?", wundere ich mich.

„Er …"

„Erzählen Sie alles der Reihe nach."

„Ich beginne von vorn", willigte er ein. „Ich lebte in Baku, und 2001 zog ich von dort weg. Ich reiste über das russische Migrationszentrum ein. Und Marina blieb in Aserbaidschan – sie hat dort geheiratet. Am 2. August 2002 kam auch Marina zurück. Genauer gesagt, ich hatte sie dort nur unter größter Mühe herausgeholt. Mir gefielen die Leute nicht, mit denen sie da zu tun hatte – ihr Mann, ihre Umgebung. Sie wollten sie nicht gehen lassen. Ich drohte ihnen ein bisschen, sagte, sie ist meine Tochter, nötigte sie, sich nach unseren muslimischen Bräuchen scheiden zu lassen. Und so waren wir im August 2002 alle wieder in Tschetschenien. Doch die Leute ließen sie nicht in Ruhe. Ständig belästigten sie sie und kamen hierher. Und dann, Ende September, kam sie mit einer Casio-Uhr nach Hause. Als ich das sah, packte mich der Zorn. Ihre Mutter und deren Schwester schlugen sie windelweich. Ich nahm ihr diese Uhr weg, zertrampelte sie auf dem Boden und sagte: ‚Verhüte Gott, dass du noch einmal mit so was nach Hause kommst!'"

„Warum hat diese Uhr Sie so erschreckt?"

Er zögert.

„Bei den Wahhabiten ist es üblich, so eine Uhr zu tragen. Das weiß ich aus Baku. Ich weiß nicht, warum. Angeblich haben sie starke Batterien, man kann schnell einen Zünder daraus basteln ...", weicht er geschickt aus, erfindet geschwind die Version von den starken Batterien. „Nun also, das war fünf Tage vor ihrem Verschwinden. Nach diesem Vorfall war sie wie ausgewechselt. Früher war sie so ein liebes Mädchen, wie ein Kätzchen schmiegte sie sich an mich, umarmte mich und rief: ‚Mein lieber Papi!' Und nun war sie wie ausgewechselt. Verkriecht sich in eine Ecke und starrt vor sich hin. Wir fragen sie: ‚Marina, was ist passiert?' Und sie antwortet: ‚Lasst mich', und heult los. Fünf Tage lang war sie nicht wiederzuerkennen. Wir haben fast den Verstand verloren, als wir sahen, was mit ihr vorgeht."

„Und was passierte dann?"

„Am 30. September ging ich nach dem Mittagessen Zigaretten holen. Auf dem Weg fuhr ein Bekannter vorbei und nahm mich mit. Als ich zurückfahre, sehe ich Marina die Straße entlanggehen. Wir haben bestimmt dreimal gehupt. Sie hat sich nicht einmal umgedreht. Als ich nach Hause komme, ist sie nicht da. Und meine Frau erzählt, dass Freundinnen von ihr gekommen seien und sie mit nach Baku nehmen wollten, um Ware zu holen. Sie hat es ihr nicht erlaubt: ‚Was für eine Ware, Marina, wovon sprichst du?' Und sie befahl ihr, zu Hause zu bleiben. Da antwortete sie: ‚Dann gehe ich Bescheid sagen, dass ich nicht mitkomme.'"

„Ich habe ihr sogar die Tasche weggenommen, für alle Fälle, damit sie nicht fährt", bestätigt seine Frau.

„Marina ging weg. Und wir haben sie nie wieder gesehen."

Danach fuhr Nabi sofort nach Chassawjurt.

Da können Sie sehen, was für ein erstaunliches Gespür er hat – fährt sofort dahin, wo die Leute aus dem Dschamaat aktiv waren und die Angeworbenen für „Nord-Ost" sammelten. War das ein

Zufall? Chassawjurt liegt an der Grenze zwischen Dagestan und Tschetschenien, es ist nicht mal eine Stadt, sondern ein bunter Basar, über den die tschetschenischen Rebellen leicht durch die Grenze schlüpfen können. Von Chassawjurt aus sandte man den größten Teil derer nach Moskau, denen die Rolle von Terroristen zu spielen zugedacht worden war.

„Meine Tochter konnte ich dort nicht finden. Ich klapperte die Adressen ab, unter denen die Wahhabiten zu finden sein sollten. Die Adressen habe ich zufällig herausbekommen“, verbessert er sich. „Nichts, keinerlei Spuren. Dann kehrte ich nach Tschetschenien zurück. Am fünften Tag brachte man mir einen Rock und ein Jäckchen, die sie angehabt hatte, und dazu einen Zettel. Darauf hatte Marina geschrieben: ‚Liebe Mama, lieber Papa! Ich bin nach Baku gefahren, um Ware zu holen, in zehn Tagen komme ich wieder. Mama, Papa, ich liebe euch sehr! Ihr sollt wissen, dass ich immer bei euch bin, egal was passiert. Marina.‘ Ich habe sie gesucht, Ehrenwort. Ich suchte nach dem Bandenweib Witalijewa, die die Mädchen anwirbt. Nichts. Ich fuhr nach Baku, doch auch das vergeblich. Ich kehrte nach Tschetschenien zurück, holte Erkundigungen ein. Ich konnte lediglich herausfinden, dass man meine Tochter im Oktober zusammen mit einer beleibten Frau in einem Auto gesehen hatte, das über die Staropromyslowki-Chaussee fuhr. Hinterm Steuer saß ein Mann mit einer Milizuniform. Man hielt sie an, sie zeigten einen Passierschein, und man ließ sie fahren. Und dann passierte der Terroranschlag … Wir wagten nicht einmal, das zu denken. Ich war damals in Baku und fand die Terroristenliste im Internet. Mir wurde schlecht, ich begriff, dass nun alles vorbei war. Dass es keine Hoffnung mehr gab.“

„Nabi, wenn Sie sagen, dass sie gekidnappt wurde, warum haben sie dann Angst, die Namen dieser Menschen zu nennen? Der Menschen, die Ihre Tochter gekidnappt haben?“

Er schweigt. Das Schweigen fällt ihm schwer, doch er hält seine Emotionen unter Kontrolle.

„Na gut. Und wie wurde sie gekidnappt?“

Hören Sie nun, was mir ein Vater sagte, der eine halbe Stunde zuvor bekräftigt hat, dass er nicht zu Hause gewesen sei, als die Leute seine Tochter holen kamen.

„Die Sache war so. Sie kamen, stellten auf dem Hof das Auto ab, traten ein und sagten: ‚Wir nehmen sie mit.' Wir antworteten, dass wir sie nirgendwohin gehen lassen würden. Marina sagte: ‚Ich bleibe bei meiner Mutter.'"

Nabi kommt noch mehr in Fahrt. „Und darauf sagt er: ‚Bist du etwa ein Kind, dass du auf Mama und Papa hörst? Was heißt schon – ich will oder ich will nicht, wenn man dir sagt, dass du MUSST.'" Nabi wird laut. „‚Schluss', sagen sie, ‚wir gehen', und damit brachten sie sie ins Auto."

„Was waren das für Leute?"

„Wahhabiten …", antwortete er schlicht. „Wer sonst?"

„Und warum hat sie sich mit ihnen ins Auto gesetzt?"

„Wissen Sie, vielleicht wurde sie erpresst. Bedroht. Womit?" Nabi verstummt, offensichtlich denkt er über das nach, was er gerade gesagt hat. „Sie konnten sie damit erpressen, dass sie uns den Umzug hierher bezahlt haben, die Fahrt und die Visa. Dieser Arslanbek hatte sehr gute Verbindungen zum russischen Innenministerium. Vielleicht hat man ihr Geld versprochen. Viel Geld. Vielleicht hat sie aber auch niemand gefragt …" Nabi wird vorsichtig, er muss aufpassen, dass er sich mit seinem Wissen nicht ganz und gar ans Messer liefert.

Wir verstummen.

Ich – weil ich heute allzu viel dazugelernt habe. Weil ich mit ansehen musste, wie Eltern vor mir ein Drama inszenieren – mit Tränen, Hysterie und Beteuerungen der eigenen Unwissenheit und Unbeteiligtheit. Ich verstumme, weil mir klar wird, dass sie lügen.

Sie verstummen, weil sie begreifen, dass ich das weiß.

Wie dumm das alles ist.

„Sie war ein so liebes, gutmütiges, verständnisvolles Mädchen. Sie liebte Tiere so sehr und kleine Kinder."

„Aber eigene hatte sie noch nicht?"

„Sie war doch erst 19. Sie war noch ganz jung. Sie mochte ihre Cousins, ihre Schwestern, sie war wie ein Kind – so fröhlich … so naiv …"

Sie sitzen vor mir. Eltern, die ihrer Tochter gestattet haben zu fahren. Die ein durch und durch rührendes, liebes Mädchen weggegeben haben, das weinte und FÜNF Tage der Hysterie verfallen war, weil sie wusste, wohin sie würde fahren müssen. Und auch sie – Nabi und seine Frau – wussten, wohin ihre Tochter fünf Tage später fahren würde.

Sie wussten es und schwiegen. Sie nahmen ihr nur die Uhr weg – ihnen war bekannt, dass die Frauen und Mädchen, die sich in Moskau im Stadion „Luschniki" treffen sollten, an ihrem rechten Arm eine Uhr tragen würden. Um daran zu erkennen, wer wer ist, um einander in der Menge zu unterscheiden.

Die Uhr am rechten Arm war das Erkennungszeichen. Das Zeichen der Dazugehörigkeit zu einer bestimmten Gruppe.

Doch wie hatte sie sie um Hilfe gebeten! Ihre eigenen Eltern. Wenn er sich jetzt daran erinnert, muss Nabi weinen, und er dreht sich weg, um die Tränen fortzuwischen.

„Sie packte ihre Mutter bei der Hand, als man ihr befahl, sich ins Auto zu setzen. Sie schluchzte … wollte sich verstecken, fliehen …"

Marina hatte auf eine Rückkehr gehofft und sich dennoch von ihnen verabschiedet – auf dem Zettel stand: „Ich liebe euch, egal was passiert."

Ist das etwa nicht ein klares Abschiednehmen?

Und sie – waren feige gewesen. Hatten sie da nicht heraus-holen, zurückerobern können. Wahrscheinlich, weil sie selbst in diesen Dreck verwickelt gewesen waren.

Eine Information, die ich später erhalte: Nabi Bisultanow war ein Mitglied der wahhabitischen Strukturen, kein überzeugter Rebell, nein, nur ein kleiner Mitläufer, der mal als Geldkurier, mal einfach nur als Kontaktperson arbeitete. Als er versuchte, sich von seiner illegalen Vergangenheit zu lösen, ließ man das nicht zu. Nabi musste für alles mit seiner geliebten Tochter bezahlen. Sie wurde ihm weggenommen, kaum, dass sie zu einer hübschen jungen Frau herangewachsen war. „Geheiratet" wurde sie von einem. Nachdem dieser sie benutzt hatte, gab er sie an seinen Freund weiter. Und der Papa schwieg. Der Papa war ein unbedeutender Bauer in diesem großen Schachspiel.

Vorsichtig und scheinbar beiläufig frage ich nach.

„Nabi, sie war ein so heiterer und fröhlicher Mensch. Wie konnte sie unschuldige Menschen in die Luft sprengen wollen, schließlich trug sie einen Gürtel mit Sprengstoff. Wie konnte sie einen Mord begehen wollen?"

Er schaut weg, ballt seine Fäuste, denkt fieberhaft nach, was er sagen darf und was nicht. Schließlich presst er hervor:

„Niemals. Niemals hätte sie jemanden töten können. Und das sollte sie auch nicht. Die brauchten einfach Mädchen. Die brauchten sie sehr. Das ist alles, mehr weiß ich nicht."

„Doch warum sind Sie nicht zur Polizei gerannt, als man sie entführte?"

Er sieht mich an, als wolle er fragen: „Haben Sie etwa immer noch nichts begriffen?!", und sagt laut: „Der Mensch, der sie aus Tschetschenien schaffte, trug eine Milizuniform und hatte einen Sonderpassierschein dabei ..."

Das war der Hauptgrund, warum der seine Tochter aufrichtig liebende Nabi trotz allem nicht in diesen Fleischwolf kroch. Es waren die Verbindungen zum russischen Innenministerium, über die die Leute verfügten, welche Marina mitgenommen hatten. Und jener geheimnisvolle Mensch, der Marina holen gekommen war, hatte einen Sonderpassierschein, in deren Besitz nur Mitglieder des Stabes zur Durchführung von Antiterrormaßnahmen in Tschetschenien sind (der FSB, das Innenministerium und das Verteidigungsministerium).

Der 30. September. Ein sonniger Tag. Sechs Tage sind vergangen, seit an Marinas rechtem Arm die Uhr mit dem Metallarmband aufgetaucht war. Ich sehe vor mir, wie sie betet, in einem entfernten Winkel des Zimmers sitzend. Auf dem Hof hupt ein Auto. Marina zuckt zusammen. Über ihren Rücken fährt ein Schauer, denn das, was nun geschehen wird, ist unabwendbar. Es klopft an der Tür. Das Wortgefecht mit ihren Eltern ist nur kurz. Man stößt sie ins Auto. Als Letztes sieht sie durch die Rückscheibe ihre Mutter, wie sie sich zusammengekrümmt den Mund zuhält und verschreckt weint.

Es gleicht einer Polaroid-Aufnahme – dieser Herbsttag, die verschreckte Mutter, die Schuhe, die ordentlich neben der Eingangstür stehen. Der aufgemalte Adler an den Trümmern der Autobushaltestelle. Goldene Bäume.

„Die Welt wird nie mehr so sein, wie sie war", begreift sie.

Neben ihr auf dem Rücksitz sitzt eine ältere Frau, dieselbe, der sie vertraut hat und die sie viele Jahre kennt. Diese Frau soll Marina abliefern und dafür ihr Honorar bekommen. Doch davon weiß Marina selbstverständlich nichts. Sie vertraut ihr. Ein wenig glaubt sie daran, dass sie nach zehn Tagen nach Hause zurückkehren wird. Vielleicht kann sie sogar den Krieg stoppen. Die Sache ist die, dass man Marina ihre Aufgabe bereits vor fünf Tagen mitgeteilt hat – als sie mit der Uhr am rechten Arm nach Hause kam. Man hatte ihr gesagt, dass sie an einer Spezialaktion zur Beendigung des Krieges in Tschetschenien teilnehmen solle. Marina wusste, dass diese Aktion sehr riskant sein würde. Sie hatten sie gewarnt, dass es zwar ein Risiko gebe, doch dass alle zurückkommen sollten.

Marina hat das nicht ganz geglaubt. Sie hatte Angst. Sie fürchtete den schrecklichen Anzug, den sie anziehen sollte, die Rolle, die sie spielen musste. Das wirkte alles so bedrohlich …

Doch sie konnte nichts machen. In Chassawjurt – dort, wo auch alle anderen hingebracht wurden – sagte man ihr, dass diese Aufgabe höchst wichtig sei, und dass der Befehl vom Amir Schamil Bassajew höchstpersönlich komme.

Marina war ein 19-jähriges Mädchen – ihr ganzes Leben war sie von Männern abhängig gewesen. Von ihrem Vater, den man in der Familie vergötterte, und dann von ihren Ehemännern. Sie war eine Frau und musste sich dem Mann unterordnen. So war sie erzogen worden.

An jenem verhängnisvollen Tag, dem 30. September, kam einer dieser Männer zusammen mit der Anwerberin, um Marina zu holen.

Wissen Sie, wer dieser Mann war? Wem Marina folgen musste? Ich habe das später herausgefunden, mithilfe der Fotografie, die Marinas Vater so erschreckt hatte.

Dieser Mann hieß Ruslan Elmursajew. Ihn einfach nur einen Rebellen oder einen verräterischen Milizionär zu nennen, kommt einem nicht über die Lippen. Für seine 30 Jahre hat es Elmursajew ziemlich weit gebracht. Nachdem er im Innenministerium der Tschetschenischen Republik gearbeitet hatte, schied er mit dem Rang des Oberleutnants aus dem Amt. Danach war er Berater für Organisation „HALLO-TRAST“, welche sich offiziell mit der Ausbildung von Spezialisten für Minenentschärfung befasst und inoffiziell eine Unterabteilung des britisch-amerikanischen Spionagedienstes darstellt.

2002 war Elmursajew bereits Assistent für Sicherheitsfragen in der Hauptverwaltung des UN-Koordinators für Sicherheitsfragen. In Besitz von Ausweispapieren eines UNO-Mitarbeiters und unterwegs mit einem Militärfahrzeug mit UN-Emblem, war Elmursajew aktiv tätig und erarbeitete sich bedeutende Verbindungen in den verschiedensten Strukturen Inguschetiens und Tschetscheniens.

Es steht außer Frage, dass Menschen, die bei der Aufklärung gearbeitet haben, später nicht ins Bäckerhandwerk wechseln. Ihre Erfahrung bleibt immer gefragt – beim Geheimdienst des einen oder anderen Landes. Die Bestätigung dafür ist, dass Elmursajew im Sommer und Herbst 2003 vom UNO-Militärfahrzeug auf einen russischen „Wolga" umstieg. Und statt der Dienstpapiere eines Sicherheitsassistenten erhielt er nun andere – einen Sonderpassierschein für Mitglieder des Stabes zur Durchführung von Antiterrormaßnahmen in Tschetschenien, welcher vom FSB Russlands koordiniert wird.

2003 siedelte Elmursajew praktisch nach Moskau um. Er wurde Chef des Sicherheitsdienstes der hauptstädtischen „Prima-Bank", und kam damit nicht nur in Besitz solider Papiere, sondern auch eines gepanzerten Inkassowagens.

Irgendjemand, wir können nur raten, wer genau es war – schuf Elmursajew ideale Bedingungen für seine Legalisierung in der Hauptstadt. Elmursajew wurde zur Schlüsselfigur bei der Vorbereitung der Geiselnahme im Dubrowka-Theater und außerdem der Explosion vor einem „McDonald's" Restaurant, die davon ablenken sollte.

Deswegen war Nabi so entsetzt, als er das Foto von Elmursajew unter den „Terroristen" sah – wenn auch mit einem anderen Namen. Doch er nannte mir seinen wirklichen Namen nicht und erzählte auch nichts von der Verbindung zu seiner Tochter. Nabi machte nur die Andeutung, dass dieser Mann in einem schwarzen „Wolga" gekommen sei und einen Sonderpassierschein gehabt habe, mit dem er durch sämtliche Militärposten Tschetscheniens kommen konnte.

Und einen solchen Passierschein bekommen nur Mitglieder des Regionalen Operativen Stabes zur Durchführung von Antiterrormaßnahmen – das Innenministerium, der FSB, das Verteidigungsministerium … Wie ich schon sagte: Solche Menschen wechseln später nicht ins Bäckerhandwerk.

Gedanken sind wie helle Funken, sie blitzen auf, erlöschen und flackern erneut auf. Sie kennt diese Leute, doch Marina beherrscht immer noch die zähe Angst, die sie bereits fünf Tage zuvor empfand. Sie kann sie nicht überwinden, so sehr sie sich auch bemüht. Sie schaut zum Fenster hinaus und weint still vor sich hin. Vor ihr liegt Moskau, das sie noch nie gesehen hat, ein schwarzes Kleid, das man ihrer Größe angepasst hat, und Angst, eine nicht enden wollende Angst. Das ist alles, was sie weiß. Alles Übrige wird sie bald begreifen. Wenn nichts mehr zu ändern ist. Doch das wird später sein, vor ihr liegen noch drei Wochen.

LIANA CHUSENOWA

Liana Musajewna Chusenowa wurde am 31. Oktober 1979 im Dorf Naurskaja im Naurski-Rayon in der Tschetschenischen Republik geboren.

Über dieses Mädchen gibt es fast keine Informationen. Es ist lediglich bekannt, dass sie auch schon relativ lang nicht mehr zu Hause gelebt hat, nachdem sie einen Wahhabiten „geheiratet" hatte und nach Grosny umgezogen war. Verwitwet war sie nach Aussagen der Mutter der Schahidin Saira Jupajewa nicht.

SAIRA JUPAJEWA

Saira kam am 17. Mai 1978 im Naurski-Rayon in Tschetschenien zur Welt. Sie lebte bei ihren Eltern. Kurz vor der Geiselnahme von „Nord-Ost" heiratete sie.

Eine 25-jährige blühende Frau, üppiges, kastanienbraunes Haar, ein sympathisches Gesicht. Warum sie? Diese Frage stelle ich mir auf dem Weg in eines der Dörfer des Naurski-Rayons von Tschetschenien.

Es ist Frühlingsbeginn, ein hoffnungslos hellblauer Himmel, gleißende Sonne. Meine Stiefel versinken im aufgeweichten Boden. Ich betrete den Hof eines akkuraten Ziegelhauses und treffe an der Eingangstür einen jungen Mann, der sich die Schuhe anzieht.

„Ist Ihre Mutter zu Hause?“, frage ich aufs Geratewohl.

„Mama, es ist für dich“, schreit er ins Haus.

Und mustert mich interessiert. Schließlich erscheint eine beleibte Frau auf der Veranda, ihr Kopf ist mit einem Tuch verhüllt, sie hat große, kastanienbraune Augen und ein irgendwie stupsnasiges, einfaches Gesicht. „Ist sie Tschetschenin?“, frage ich mich.

„Guten Tag, ich bin Journalistin, ich bin gekommen, um mit Ihnen über Saira zu sprechen.“

Die Eltern verstehen mich auch ohne viel Worte. Über Saira sprechen – alles klar, keine Erklärungen nötig. Sie seufzt schwer.

„Kommen Sie herein, ich habe nichts zu verbergen. Ich werde Ihnen erzählen, wie mein kleines Mädchen entführt wurde. Danke, dass wenigstens Sie sich dafür interessieren, wie es wirklich war“, sagt sie schnell in einem etwas weinerlichen Ton.

Mich macht das verlegen. Entweder hat sich das alles derart in ihr aufgestaut, dass sie es dem ersten Besten entgegenschleudert, oder sie weiß bereits ganz genau, wie man sich in einer derartigen Situation verhalten und was man sagen muss.

Ich ziehe mir die Schuhe aus und stelle sie in den Flur. Ich sehe mich um. Wie sauber und hell es hier ist! Ein braun gestrichener Fußboden, die Tische mit weißen Spitzendecken, auf dem Fensterbrett Blumentöpfe mit Grünpflanzen.

Wir setzen uns – Ljuba, die Mutter, neben mich, und mir gegenüber ein schlankes Mädchen, Sairas Schwester. Spitze Gesichtszüge, zarter Knochenbau, ein schräger Blick aus traurigen, hellgrünen Augen – eine Kopie der Französin Vanessa Paradis.

Die Mutter setzt inzwischen zu einer äußerst gewandten Rede über das geheimnisvolle Verschwinden von Saira an.

„Sie fuhr zur Hochzeit einer Cousine ins Dorf Kalinowskaja. Ich bat sie: ‚Saira, bleib nicht über Nacht dort, bitte, ich bin krank, bleib nicht zu lange da.‘ Sie sagt: ‚Gut, Mama!‘ und fuhr weg. In der ersten Nacht habe ich nicht auf sie gewartet – immerhin war Hochzeit, und das Mädchen ist dort geblieben. Aber am zweiten Tag fing ich an, unruhig zu werden. Verstehen Sie, sie hat immer gemacht, was ich sage, und war zuverlässig. Wenn sie für fünf Minuten auf den Hof ging, sagte sie: ‚Mama, ruf nicht, ich bin in fünf Minuten wieder da.' Und genau fünf Minuten später war sie zurück."

„Sie war ein gutes Mädchen ..."

„Oh, wie gut sie war! Aber sie hat viel gebetet, trug ein geschlossenes Kopftuch. Immer hat sie gebetet", plötzlich wechselt Ljuba jäh das Thema und beginnt über die Religiosität ihrer Tochter zu sprechen. „Aber sie war keine Wahhabitin! Das stimmt alles nicht! Wäre sie eine gewesen, dann hätte sie irgendwelche besonderen Bücher gelesen und die Mädchen im Dorf agitiert. Doch das war ja nicht der Fall!"

Sie holt ein Fotoalbum und zeigt Aufnahmen von Saira. Was mich erstaunt: Saira trägt tatsächlich auf allen Fotos ein geschlossenes Tuch. Und dann zeigt mir Ljuba unerwartet eine Seite, wo Saira ein weißes Hochzeitskleid trägt!

„Sie war verheiratet?", frage ich verblüfft. Denn das ändert schließlich alles. Das ist eine Spur, ein Haken. Die Geschichte von der Entführung ist damit gestorben.

„Nein, nein", Ljuba springt fast auf. „Da hat sie ein Kleid anprobiert, als ihre Freundin geheiratet hat. Das ist bei uns so Brauch – das Hochzeitskleid der Braut zu probieren, schützt vor Kummer."

Fantasie muss man haben! Von einem solchen Brauch habe ich noch nie gehört, ebenso wenig meine tschetschenischen Freunde. Heißt also, sie will die Tatsache des Ehestandes verheimlichen. Man wüsste gern, ob es deswegen ist, weil sie Witwe war, oder weil ihr Mann da mit drinsteckte? Doch Ljuba spricht über etwas anderes.

„Saira hat gebetet, ja. Doch ich bete auch, mein Mann betet, wir alle beten. Und nach dem Krieg beten wir sowieso ständig. Der Krieg war schrecklich für uns. Wir beten gegen die Angst an, verstehen Sie?" Ich nicke. Sie beruhigt sich ein bisschen, legt ihre Hände auf die Knie.

„Nun also, Saira wurde am zweiten Tag aus Kalinowskaja in den Naurski-Rayon begleitet. Meine Verwandten brachten sie bis zum Bus. Der Bus fuhr los. Doch sie kam nie an. Mein Mädchen war verschwunden – wie vom Erdboden verschluckt. Weg.

Das war am Sonntag, und am Montag kamen zwei Männer zu mir. Der eine war ein Mullah aus Komsomolski. Er brachte mir einen Zettel: ‚Saira hat geheiratet. Grosny, Minutka-Platz, Belgatoi-Tejp'. Ich fragte: ‚Wieso hat sie geheiratet?!' Ich habe es auch nicht geglaubt. Sie hatte nämlich schon, verstehen sie …", sie hält inne. „Sie hatte schon einen Bräutigam. Walid, er lebt in Kasachstan, und für den Herbst war ihre Hochzeit geplant."

Sie erzählt so hingerissen und ohne Pause, dass sich unwillkürlich der Gedanke einschleicht – vielleicht hat sie einfach Angst, eine Pause zu machen und sich zu verplappern? Sie ist aufgeregt, doch die ganze Aufregung liegt in ihrer Rede, in den Ausrufungen, in der Intonation. Sie selbst sitzt unbewegt da, wie ein großer Topf, aus dem Teig quillt.

„Und als nun diese Männer kamen, warf ich mich auf sie wie eine Löwin. ‚Wo ist mein Mädchen', habe ich geschrien. ‚Ich weiß von nichts, gebt mir meine Tochter zurück.' Der Mullah gibt mir 200 Dollar und sagt, dass er nichts damit zu tun hat und nur Geld bringt – das Brautgeld, so wie man ihn gebeten hat. Danach rannte ich zu Medina, unserer Verwandten. Ich sage: ‚Wo ist Saira?' Sie antwortet: ‚Ich habe sie doch zum Bus gebracht.' Und da schluchzen wir: ‚Man hat unsere Tochter gestohlen!' Und die Tante kam und schluchzte auch."

Stopp! Was für ein Wirrwarr: Ein Mann kommt, zahlt Brautgeld für die Tochter, die angeblich EINFACH NUR geheiratet hat, und ihre Mutter rennt zur Verwandtschaft, schreit rum und jammert, dass es ihrer Tochter an den Kragen geht.

Irgendetwas passt da nicht zusammen.

„Und da frage ich diesen Mullah: ‚Woher kommen das Geld und der Zettel? Meine Tochter wollte gar nicht heiraten!' Und da stellt sich heraus, dass ihm Achmed Chamsajew aus Berkat-Jurt dies Bündel gegeben hat mit der Bitte, es mir zu bringen. Und Chamsajew hat es von einer 40–45 Jahre alten Frau bekommen. Sie hatte zu ihm gesagt: ‚Das Mädchen ist einverstanden, bringe die 200 Dollar zu ihren Eltern.'"

Schauen Sie, welche Wendung ihre Erzählung nimmt: Ljuba beginnt unvermittelt Namen zu nennen, die sie einfach nicht kennen kann, wenn ihre Tochter tatsächlich von unbekannten Menschen gekidnappt wurde. Und kaum ist die Tochter verschwunden, nimmt die Mutter für immer von ihr Abschied …

„Die Leute kamen zu mir, weinten, gedachten Sairas. Sogar Frauen in schwarzen Kopftüchern kamen. Das war das Ende! Ich hatte meine Tochter verloren!“

„Wie haben Sie danach von ihr Nachricht bekommen? Weniger als einen Monat später passierte ‚Nord-Ost‘. Ist es möglich, dass Sie davor nichts mehr von ihr gehört haben?“

Sie reißt die Augen auf und fängt wieder an zu schnattern.

„Ich habe mir nicht mal denken können, dass sie dort sein könnte. Ich schwöre Ihnen, das wäre mir nicht im Traum eingefallen. Als ‚Nord-Ost‘ passierte, habe ich drei Tage lang vorm Fernseher gesessen.“

„Und wo steht er bei Ihnen?“

„Wir haben keinen Fernseher, ich bin zur Nachbarin gerannt, um fernzusehen. Ich habe sie dort nicht erkannt.“

„Ljuba, und warum sind Sie zur Nachbarin gerannt, um ‚Nord-Ost‘ zu sehen und sie dort zu suchen, wenn Sie nicht einmal im Traum daran gedacht haben, dass Saira in Moskau sein könnte?“

Ich habe ihr ein Bein gestellt, das ist klar. Doch irgendwie muss ja mal Ordnung in dieses Chaos kommen.

Sie versucht, den Bogen zu kriegen.

„Die Nachbarinnen haben geklatscht: ‚Da ist sie, deine Saira, da ist eine, die sieht aus wie deine Saira!‘“

„Ljuba, im Fernsehen wurden nur die zwei Frauen gezeigt, die neben Mowsar Barajew standen. Und die sehen Saira überhaupt nicht ähnlich!“

Sie murmelt etwas Unverständliches. Eins zu null. Setzen wir das Spiel fort.

„Ljuba, was meinen Sie, wurde sie ganz zufällig gekidnappt oder waren es Leute, die sie kannte? War das alles geplant?“

„Wenn meine Tochter dort im Auto niemanden gekannt hätte, wäre sie nie im Leben eingestiegen!“

„In welchem Auto, Ljuba? Sie wurde doch zum Bus gebracht?“

„Dieser Bus wurde dann mitten auf dem Weg von einem schwarzen ‚Wolga‘ angehalten. Und Saira stieg um.“

Ich bin verwundert.

„Nun, so wird es erzählt. Von Leuten, die im Bus saßen. Und auch Achmed Chamsajew, der zu mir mit dem Zettel kam, hat gesagt, dass sie selbst in diesen ‚Wolga' gestiegen sei. Dass sie von ihrer Freundin Madina Dugajewa gerufen wurde. Die war dort, in diesem Auto. Deswegen ist Saira auch ohne Furcht eingestiegen."

Eine kleine Erläuterung, damit Sie verstehen, was dort in Wirklichkeit vor sich gegangen war. Saira stieg tatsächlich in den schwarzen „Wolga" ein, welcher dem Bus den Weg versperrte. Hinterm Steuer des Wagens saß, wie Sie wahrscheinlich schon erraten haben, der ehemalige Mitarbeiter des britisch-amerikanischen Spionagedienstes Ruslan Elmursajew, der am 30. September 2002 durch Tschetschenien fuhr und das Menschenmaterial für „Nord-Ost" zusammensammelte.

Saira stieg deshalb ins Auto, weil sie darin ihre Freundin und Klassenkameradin Madina Dugajewa erblickte.

Daraus ergibt sich, dass Madina, eine leidenschaftliche Wahhabitin, Saira einem Anwerber vorgeschlagen hat, als die aktive Suche nach Frauen für „Nord-Ost" lief. („Das ist ein verlässliches, gutes Mädchen.")

„Meine Tochter war sehr vertrauensselig und naiv. Wenn jemand mit ihr anfing über Gott zu sprechen, verstummte sie einfach, saß da und hörte zu. Mit Gesprächen über Gott konnte man sie lenken, wohin man wollte."

„Aber wer hat solche Gespräche mit ihr geführt? Wer hat sie dahin geschleift?"

Für eine Sekunde verstummt sie.

„Madina Dugajewa kam oft zu uns zu Besuch, die beiden konnten stundenlang miteinander reden. Später hat sie diesen Leuten auch unsere Adresse gegeben ... Sowohl Madina als auch Saira haben geschlossene Kopftücher getragen." Damit gibt sie mir eindeutig zu verstehen, dass die beiden sich aufgrund religiöser Anschauungen angefreundet haben.

„Hat Saira es schon lange getragen?"

Augenblicklich sind die Geschäftigkeit, die laute Stimme, die emotionalen Gesten verschwunden.

„Als sie meinen Jungen umgebracht haben, da fing sie an, es zu tragen. Das war 2000, wir haben ihn gesucht, in den Gefängnissen, bei Bekannten. Und dann brachten sie mir seinen Pass, ganz blutverschmiert. Sie haben meinen Jungen umgebracht."

Wie ich später herausfinde, hat Achmed Jupajew aufseiten der Wahhabiten gekämpft, war ein sehr religiöser Mensch. Im Jahr 2000 wurde er bei Kampfhandlungen in der Gegend von Urus-Martan getötet.

Ljuba bittet ihre jüngere Tochter, irgendeine Tüte zu holen. Daraus zieht sie vorsichtig einen abgenutzten Pass. Die Seite mit den persönlichen Angaben ist mit Blut überzogen, darauf – der Abdruck eines großen Fingers.

„Sie hat wahrscheinlich noch darunter gelitten?"

„Ja, es war ein Schmerz. Sie hat oft an ihren Bruder gedacht und an die anderen Jungs, mit denen sie befreundet gewesen war, und die später getötet worden sind. Religiöse Bücher hat sie gelesen, ein Kopftuch getragen. Sie hat sich seitdem verändert. Und in der letzten Zeit, kurz vor ihrem Verschwinden, bat sie mich: ‚Mama, falls man mich entführen sollte, um mich zu verheiraten, lass mich nicht allein! Finde mich unbedingt!' Das sagte sie mir oft, so hat sie mich angefleht. Sie kam auf mich zu, umarmte mich und sagte: ‚Mama, wirst du mich finden, wenn man mich fortschafft?'"

„Warum hat sie so etwas gesagt? Hat sie etwas beunruhigt?"

Ljuba verstummt für eine Sekunde.

„Nein, eigentlich nicht. Sie war fröhlich, als sie das sagte. Doch offensichtlich beunruhigte sie etwas, worüber sie nicht sprechen wollte. Vielleicht hat Madina sie überredet", und Ljuba verbessert sich sogleich. „Nun, in dem Sinne, jemanden zu heiraten, und sie hat nicht gewollt."

Im Nachbarzimmer taucht unerwartet ein großer alter Tschetschene mit einer hohen grauen Schafspelzmütze auf. Auf einen Stock gestützt humpelt er heran. Während wir miteinander sprechen, geht er lautlos wie ein Schatten durch das Zimmer und sucht etwas.

Da begreife ich, dass er nicht nur einfach etwas sucht, sondern auch unser Gespräch belauscht. Mit gespannter Aufmerksamkeit, ohne ein Wort zu sagen.

Endlich geht er hinaus, zieht sich seine Schuhe an und schließt die Tür hinter sich. Und Ljuba spricht das aus, was sie offenbar in Anwesenheit ihres Mannes zu sagen fürchtete.

„Gern würde ich die Frau finden, die mir den Zettel überbracht hat. Diese ältere Frau. Wenn ich sie sehe, mache ich Hackfleisch aus ihr."

„Welche Frau?"

„Die Frau, die sie hinters Licht geführt hat, durch die Gegend gefahren ist, um sie zu sammeln. Eine beleibte Frau, an die 40 Jahre alt. Ich bin nach Berkat-Jurt gefahren, um sie zu suchen, habe sie aber nicht gefunden. Ich fing dort so an zu heulen, habe diesen Chamsajew gepackt – er war da – und habe ihn geschüttelt: ‚Gib mir meine Tochter zurück!'

Doch er hat mich weggeschleudert und grob zu mir gesagt: ‚Was schreist du, hier ist ein Mann aus Berkat-Jurt (die Rede ist von Nabi, dem Vater von Marina Bisultanowa – Anm. d. Autorin), dessen Tochter wurde auch abgeholt, und er schreit nicht und zittert nicht!'

Oje, wie ich mich auf ihn geworfen habe. Ich sage zu ihm: ‚Willst du Krieg? Willst du, dass ich jemanden vom FSB herhole?' Und er gibt mir zur Antwort: ‚Schlag keinen Krach, sonst wird es sowohl deiner Tochter als auch dir schlecht ergehen.' Da verstummte ich und kehrte um – mit leeren Händen."

„Warum?! Saira hat Sie doch gebeten, sie zu finden, falls etwas passiert."

Ljuba hebt zögernd die Schultern.

„Ja, wahrscheinlich hätte ich gekonnt ... Ich habe einen guten Bekannten, der beim FSB in Naurski arbeitet, zu ihm hätte ich gehen können. Doch dieser Kerl, dieser Chamsajew hat schließlich gesagt, dass es noch schlimmer wird, wenn wir Krach schlagen."

Eine seltsame Geschichte. Die wahhabitische Familie Jupajew hat, wie sich herausstellt, „einen guten Bekannten beim FSB". Doch als die Tochter verschwindet, wendet sich die Mutter nirgendwohin, ungeachtet der Bitte ihrer Tochter, die ihre Mutter gewarnt hatte, dass bald etwas passieren würde. Die Mutter versucht nicht, sie zu finden und zu retten.

„Ljuba, haben Sie Trauer getragen, als sie erfuhren, dass Saira tot ist?"

„Nein, wo denken sie hin. Ich habe Angst. Ich mucke nicht auf. Sonst fangen die noch an zu reden und zu klatschen über dieses ‚Nord-Ost', und ich habe noch drei heranwachsende Jungs. Ich habe Angst."

Und jetzt bleibt zu klären, was Ljuba und ihr Mann Baschir in Wirklichkeit fürchten. Und warum sie weder zur Miliz noch zum FSB gegangen sind. Und warum sie sich sogar davor fürchten, Trauer zu tragen als eine Art Gedenken an die tote Tochter.

Sie wussten es. Sie wussten alles. Mit wem ihre Tochter Umgang hatte, wer sie wie auch Marina Bisultanowa an jenem Tag fortschaffte – am 30. September in einem schwarzen ‚Wolga'.

Sairas Vater – der alte, grauhaarige Baschir – er hatte es gutgeheißen, dass diese Leute seine Tochter ins Auto nahmen und sie für immer wegbrachten. Als er zum FSB gerufen wurde, leugnete er nicht lange, dass er gewusst hatte, wer seine Tochter wohin bringen würde.

„Wie? Weshalb?", möchte man rufen, mit den Fäusten auf den Tisch schlagen, ihn beim Kragen packen und aus voller Kehle schreien: „Wie konntest du deine Tochter verkaufen?!"

Der Preis für Saira betrug 20 000 Dollar.

Man hatte ihnen, den naiven Dummköpfen, versprochen, dass ihre Tochter nach Hause zurückkehren würde. Doch man warnte sie auch, dass das Risiko groß sei. Die Waagschalen zitterten ein wenig: 20 000 Dollar oder das Leben einer ihrer Töchter.

Nachdem Baschir nachgedacht hatte, willigte er ein.

In den Tagen von „Nord-Ost" ging er nicht mal zur Nachbarin fernsehen. Seine Familie war wahhabitisch, einen Fernseher im Haus zu haben, gehört sich nicht. Ljuba jedoch rannte zur Nachbarin. Sie versuchte, ihr Kind zu erspähen, hoffte es zu erblicken.

Sie verkrochen sich wie Tiere und warteten auf den Ausgang der Sache.

Der Ausgang erwies sich als schrecklich. Ihre Tochter erstickte, und dann durchlöcherte man ihr den Kopf mit Kugeln. Sie hatten verspielt.

20 000 Dollar hatten schwerer gewogen als das Leben ihrer Tochter.

Baschir wurde nach dem Terroranschlag ins FSB des Naurski-Rayons gerufen. Dort sagte man ihm: „Wir wissen, wem und für wie viel du deine Tochter verkauft hast. Solltest du also aufmucken oder auf die Idee kommen, dich still und leise davonzumachen, wirst du was erleben."

Ich weiß nicht, ob man darüber weinen oder Schadenfreude empfinden sollte: Baschir bekam keine Kopeke zu sehen. Er war betrogen worden.

Er kann nirgendwohin umsiedeln und lebt nun unter dem wachsamen Auge des Geheimdienstes. Er konnte nicht einmal seine 25-jährige Tochter beerdigen. Und das Schlimmste für die Tschetschenen ist, wenn man einen Körper nicht der Erde übergeben kann. Das bedeutet, dass die Seele keine Wohnstatt im Himmel finden kann und zu ewiger Wanderschaft verurteilt ist.

Und Baschir wird von nun an nicht mehr ruhig schlafen können, solange seine Tochter zwischen Himmel und Erde dahinwandert.

Der 30. September ist ein warmer Tag. Saira kommt von der Hochzeit zurück, auf dem Weg wird sie abgefangen und in ein Auto gesetzt. Muss man noch erklären, woher die Leute wussten, wo sich Saira an diesem Tag aufhalten wird? Wo man sie ganz leicht, ohne irgendwelche Szenen oder Fragen kidnappen kann? Ach, alter Baschir …

Saira sieht ihre Freundin Madina Dugajewa im Auto sitzen. Ihr vertraut sie. Mit Madina hat sie so viele Stunden über Allah gesprochen, über den Heiligen Krieg der Muslime, über ihren toten Bruder Achmed.

Saira, die keinen Verdacht hegt, steigt in den „Wolga". Sie lacht. Das Auto fährt an.

Dann sagt man ihr, dass ihr Vater die Einwilligung für ihre Teilnahme an einer Spezialaktion gegeben hat, die den Krieg in Tschetschenien stoppen soll. Madina beruhigt die überaus aufgeregte Saira: „Ich fahre auch dorthin. Allah selbst hat uns ausgewählt. Hab keine Angst, Schwester. Wir sollen nicht zittern. Inschallah, alles wird gut!"

Die gute Saira verstummt, als man mit ihr über Allah spricht. Der Dschamaat hat sie ausgewählt. Ihr Vater hat seinen Segen dazu gegeben.

Es gibt keinen Ausweg. Die verbleibende Zeit in Moskau wird die gehorsame Saira für die Vorbereitung nutzen: Sie wird beten und Lieder hören, die die Schahiden preisen. Madina wird stets an ihrer Seite sein und sie moralisch unterstützen. Saira hat Angst, kann jedoch nirgendwohin ausweichen.

Man hat sie alleingelassen. Der Vater. Die Mutter. Nur Allah ist geblieben, und sie wird eifrig zu ihm beten, sie wird nach ihm greifen wie ein Ertrinkender nach dem Strohhalm.

Denn außer Allah ist ihr nichts geblieben.

Das Verhängnis dieser Frauen: Sie gingen in eine tödliche Falle, aus der es keinen Ausweg gab.

Nur den Tod.

Sie hatten keine Ideale, für die sie sterben wollten. Sie waren jung und schön, sie liebten das Leben und sie wollten leben. Als die Anwerber sie fanden – wie Geier, die sich auf ihre Beute stürzen –, hielten sich ihre Eltern heraus. Sie hatten Angst. Die Frauen wurden für Geld verkauft.

Und bekamen eine Kugel in den Kopf.

Ein anderes Schicksal erwartete jene, die sie zu dieser tödlichen Maskerade überredet hatten. Jene, welche die Adressen und Namen der möglichen „Opfer“ geliefert hatten. Jene, die sie abgeholt und für immer mitgenommen hatten.

Ebenso wie die Frauen der bekannten Feldkommandeure kamen sie mit dem Leben davon. Und das ist ein weiteres schreckliches Geheimnis von „Nord-Ost“.

Kapitel 3
Nach der Erstürmung des Musicaltheaters – die Suche nach Arbi Barajews Frau

Verwandte erzählten, dass Marjam schon ein halbes Jahr in Baku lebe. Die OMON-Männer konnten nichts finden, was die Witwe hätte kompromittieren können. Nur einen großen Stapel Pornoliteratur und Pornovideos.

MADINA DUGAJEWA

Madina Mowsarowna Dugajewa wurde am 13. Januar 1978 im Dorf Samaschki des Rayons Atschchoi-Martan in der Tschetschenischen Republik geboren. Sie hatte eine Bescheinigung der Tschetschenischen Staatlichen Universität dabei, die auf den Namen M. M. Dugajewa, Assistentin am Lehrstuhl für Schauspielkunst, ausgestellt war (sowohl die Bescheinigung als auch ihre Adresse erwiesen sich als falsch). Außerdem fand man zwei Ansichtskarten mit den Texten: „Meiner lieben Schwester Madina von ihrer geliebten, einzigen und unersetzbaren Schwester Iman, 27. 04. 2001“ und „Herzlichen Glückwunsch zum Geburtstag. Ich wünsche Dir viel Glück. In Liebe. Amina und Mutter“.

In ihrem Pass lagen 14 Amateuraufnahmen.

Mir ist nicht bekannt, ob Madina vom Sonderkommando erschossen wurde, oder ob es ihr gelungen ist, zu entkommen.

Dafür weiß man, dass dieses Mädchen nicht vorhatte, zu sterben – man hatte ihr versprochen, sie als eine der Ersten zu retten.

Madina war kein einfaches Mädchen. Ja, sie war überzeugte Wahhabitin, doch kann man sie keinesfalls eine Religionsfanatikerin nennen, die nach Moskau gekommen war, um vom Leben Abschied zu nehmen.

Nein, so eine war Madina nicht! Obwohl das, was Sie gehört und gesehen haben, verwirrend für Sie sein könnte. Denn Madina ist eben jene „Schahidinnen-Schwester“, die auf den Aufnahmen von NTW links neben Mowsar Barajew steht.

Madina hatte eine Maske angelegt. Meistens schwieg sie, und erst als der Korrespondent des Fernsehsenders sich an sie wandte, sagte sie: „Nun, was soll man dem noch hinzufügen …?"

Eine beeindruckende Beredsamkeit, finden Sie nicht? Wenn man sich das Videoband aufmerksam ansieht, merkt man, wie außergewöhnlich ruhig und selbstsicher Madina ist.

Und als der Korrespondent fragte, ob die Schahiden wüssten, dass Selbstmord eine Sünde ist, da … lächelt sie verschlagen!

Beeindruckend. Ich wollte es nicht glauben und sah mir diese Stelle wieder und wieder an. Tatsächlich, sie lacht auf die Frage des Korrespondenten!

Vielleicht habe ich etwas nicht richtig verstanden?

Vielleicht drückte ihr Gesicht Verachtung für den Tod aus? Vielleicht hat sie über jene gelacht, die den Tod fürchteten?

Die menschliche Mimik ist erstaunlich vielschichtig. Man kann verschlagen lächeln oder anrührend, schutzlos, verlegen, zynisch, böse … Doch Madina hat nicht gelächelt, sie hat gegrinst, als sie die Frage hörte: „Sind Sie bereit zu sterben?" Anders kann ich ihr Feixen nicht deuten, Gott ist mein Zeuge.

Man bekommt den Eindruck, dass sie alles, was da passierte, amüsierte. Hat sie also gespielt? Hier, vor der Kamera, in dem angeblich verminten Dubrowka-Theater, umzingelt von Spezialtruppen des Innenministeriums und vom FSB – da lacht sie?!

Wie kann sie lachen, wenn sie nur um Haaresbreite vom Tod entfernt ist? Woher nimmt sie diese Selbstsicherheit und Ruhe?

Als ich viel später die Fotos von den getöteten Terroristen durchsah, fand ich keine Angaben zu ihr. Entweder hatte man sie aus irgendwelchen Gründen nicht identifizieren können, oder sie hatte sich tatsächlich nicht unter den Toten befunden. Einen Pass hatte man gefunden.

Und ob Madina unter den Getöteten war, kann ich nicht mit Sicherheit sagen. Ich habe sie unter den Toten nicht gefunden. Vielleicht deshalb, weil man sie unter den Lebenden suchen muss.

Doch wer ist sie? Welche Rolle hatte sie bei der Vorbereitung dieses Schauspiels gehabt, dass man ihr bei der eigentlichen Aufführung auf der „Bühne" die Hauptrolle anvertraute?

Die aus dem Naurski-Rayon stammende Madina Dugajewa war eine junge Frau, die aktiv Frauen für „Nord-Ost" angeworben hat. Alle ihre Rebellenbrüder leben entweder in der Türkei oder in Aserbaidschan. In Tschetschenien sind ihre kranke Mutter und ihre minderjährige Schwester Amina zurückgeblieben.

Mir ist bekannt, dass Madina mit Sicherheit etwa Saira Jupajewa für „Nord-Ost" angeworben hat. Aktiv hat sie die Organisatoren beraten, welche der Frauen – ihre Bekannten – man am besten „dorthin" holen sollte.

Offenbar wurde der Dugajewa aufgrund ihrer Verdienste vor dem „Hohen Rat" auch die Ehre zuteil, vor den Kameras die Rolle einer der „älteren" Schwestern zu spielen.

Eine wichtige Nuance hierbei ist, dass Madina, als sie vor der Kamera steht, immer wieder ihren Hidschab richtet, das Gesicht verbirgt und sich eine Mütze über die Stirn schiebt. Man merkt, dass sie sich große Sorgen darum macht, ob man sie in diesem Aufzug erkennt, und alles Mögliche tut, um ihr Gesicht so gut wie möglich zu verbergen.

Madina weiß, dass jener „Hohe Rat" ihr versprochen hat, sie als eine der Ersten herauszuholen, ist aber trotzdem beunruhigt: Diese Veranstaltung hier ist überhaupt nicht komisch!

Sie sind erstaunt? Sie fragen: „Wie sollte sie dort herauskommen?!" Ich gebe Ihnen die Antwort: Den Terroristen wurde versprochen, dass sie aus dem Gebäude herauskämen und gerettet würden. Zunächst Männer und Verwandte maßgeblicher Rebellen. Gerettet werden sollten Madina Dugajewa, die Witwe Barajews und ein paar Frauen, die ebenfalls ihre Maske im Dubrowka-Theater kein einziges Mal abnahmen.

Das hat mir ein Rebell aus der Siedlung Starye Aldy erzählt, der die Witwen von Arbi Barajew und Selimchan Achmadow persönlich kannte, und außerdem fast alle, die „Nord-Ost" auf „unterem Niveau" organisiert haben – in Tschetschenien, Inguschetien, Dagestan.

Deswegen war Madina so erstaunlich selbstsicher, als sie vor der Kamera stand. Sie wusste, dass sie eine Rolle spielt. Dass sie gerade alle anschwindelt – diesen einfältigen Korrespondenten, diese naiven Leute im Saal und jene, die jetzt vor Angst zitterten – außerhalb der Theatermauern. Sie ist davon überzeugt, dass ihre Brüder, die in der arabischen Welt unter Rebellen Autorität genießen, ihren Untergang nicht zulassen werden. Sie nimmt an „Nord-Ost“ nur teil, um mit einer Abwesenheit keine Panik im weiblichen Teil der Gruppe aufkommen zu lassen – insbesondere bei denen, die sie persönlich angeworben hat. Und außerdem deshalb, weil es ohnehin schon katastrophal wenig Frauen bei „Nord-Ost“ gab. Nicht umsonst hatte man sie aus ganz Tschetschenien zusammensuchen müssen, sie gewaltsam von Zuhause verschleppt – sogar solche, die um nichts in der Welt hatten sterben wollen.

MARJAM (SURA) MARSCHUGOWA
Arbi Barajews Witwe

Der FSB hatte bereits während der Geiselnahme verkündet, dass „die Witwe von Arbi Barajew, Sura, an der Spitze der Selbstmordattentäterinnen steht“. Dabei nannten sie nicht ihren Familiennamen. Und sie taten gut daran. Denn Sura steht nicht auf der Liste der Getöteten. Soweit mir bekannt ist, kam sie lebend aus dem umzingelten Gebäude heraus. Und nun wird es für sie entschieden leichter sein, unter dem vom FSB nicht bekannt gegebenen Familiennamen zu leben.

Sura war eine der Frauen von Arbi Barajew. Ihr richtiger Name lautet Marjam Marschugowa (Sura ist ihr zweiter Name), sie ist ungefähr 25–30 Jahre alt. Gleich nach „Nord-Ost“ wurde sie nach Aserbaidschan oder in die Türkei gebracht und ist nicht wieder in ihrem heimatlichen Alchan-Kala aufgetaucht. Ihr Bruder Alichan Marschugow löste seine Rebellentruppe nach der Erstürmung von „Nord-Ost“ auf und verließ Tschetschenien nach inoffiziellen Angaben ebenfalls.

Die OMON der Tschetschenischen Republik war gleich nach der Erstürmung des Theaterzentrums im Haus der Marschugows. Ihre jüngere Schwester erklärte, dass Sura bereits seit vier Monaten zu Besuch bei Verwandten in Aserbaidschan sei. Bei einer gründlichen Hausdurchsuchung der wichtigsten Schahidinnen von „Nord-Ost“ fanden die OMON-Männer nichts, was die Witwe kompromittiert hätte, außer eines gewaltigen Stapels an Pornoliteratur, Handbücher für ein erfülltes Sexualleben mit einer riesigen Anzahl an Illustrationen – Stellungen, Formen von Liebkosungen usw. sowie Videokassetten pornografischen Inhalts.

SELIMCHAN ACHMADOWS ZWEITE WITWE

Sie ist die zweite Frau Selimchans Achmadows, hat keine Kinder von ihm und spielt eine der wichtigsten Rollen in diesem schrecklichen Schauspiel. Ihre mandelförmig geschnittenen, schwarzen Augen konnten einen vollkommen verzaubern. „Was für Augen!", riefen sowohl Männer als auch Frauen, als sie die Fernsehbilder sahen.

Diese Frau wurde nicht von ungefähr ausgewählt. Ihre asiatische Schönheit lenkte aller Aufmerksamkeit auf sich, schlug alle in den Bann und ließ sie nicht mehr los. Im Laufe von drei Tagen zeigten alle Fernsehstationen der Welt das Video, das der Fernsehsender NTW gedreht hatte. Und ständig leuchtete die Schönheit dieser schwarzäugigen Tschetschenin neben Mowsar Barajew auf, die ein wenig aufgeregt auf die Fragen der Fernsehleute antwortete.

„Warum sind Sie zum Sterben hierher gekommen? Tun Ihnen die unschuldigen Menschen nicht Leid?"

„Bei uns in Tschetschenien werden jeden Tag Frauen, Greise und Kinder umgebracht. Und das macht niemandem etwas aus."

„Warum haben Sie ausgerechnet diesen Ort für den Terroranschlag ausgewählt?"

„Auf Geheiß von Allah haben wir ihn ausgewählt."

Ihre Stimme zittert, doch sie hält sich mit Würde, als fordere sie alle heraus, die sich jenseits des Kameraobjektivs befinden. Ihre Hände nesteln beständig an den Drähten des Detonators. Die Kommentatoren erklären sogleich: Sie zeigt damit, dass sie sie jeden Moment kurzschließen und sich in den Himmel befördern kann.

Angeblich ist sie gekommen, um sich für ihren geliebten Gatten zu rächen. Sie macht vor nichts Halt. Sie ist leidenschaftlich, heißblütig, und die Rache kocht in ihr wie glühende Lava.

Die beständige Nennung von Allah unterstreicht ihre entschiedene Religiosität.

Kurz, die junge Schönheit hat nicht vor zu scherzen und pfeift auf hunderte von unschuldigen Menschen.

Über meine Quellen versuche ich herauszufinden, wer sie ist. Aber ich renne gegen eine Wand des Schweigens an. Dann begreife ich den Grund für dieses seltsame Schweigen überall. Die Frau lebt. Sie kam aus „Nord-Ost" heraus und befindet sich heute in Sicherheit – im Ausland.

Die wichtigsten weiblichen Personen bei „Nord-Ost" sind Witwen, die des maßgeblichen Rebellen Arbi Barajew sowie die von Selimchan Achmadow, einer der Vertreter der über die Grenzen Tschetscheniens hinaus bekannten Dynastie von Kidnappern.

Als für „Nord-Ost" dringend Frauen gebraucht wurden, und dazu noch möglichst welche mit bekannten Namen, fiel die Wahl von Bassajew und Maschadow auf eine der Frauen von Selimchan Achmadow. Die erste – eine auffallend schöne Frau mit großen schwarzen Augen – schließen sie dennoch aus. Sie hat kleine Kinder von Selimchan.

Die andere Frau – ebenfalls eine Schönheit mit mandelförmig geschnittenen Augen – hat keine Kinder. Nach Selimchans Tod hatte sie es einigermaßen bunt getrieben, wie einer der Rebellen bestätigt. Umso mehr, als die wahhabitischen Gesetze es sogar direkt vorschreiben: „Frauen sollen um ihren Mann nicht länger als vier Monate trauern, und wenn die *idda* (Zeit der Trauer und der Erwartung) vorbei ist, sollen sie über eine neue Ehe nachdenken."

Deshalb fuhr ausgerechnet diese Frau, die bereits frei und außerdem kinderlos war, nach Moskau. Zur „Unterstützung" dieser gewaltigen Unternehmung. Natürlich musste diese Schönheit einiges mitmachen, doch sie war sich sicher, dass man sie aus dem umstellten Dubrowka-Theater herausholen würde.

Und das haben sie dann ja schließlich auch getan.

Die Generalstaatsanwaltschaft der Russischen Föderation hat bestätigt, dass eine Frau dieses Namens zu den Organisatoren von „Nord-Ost" zählte.

Diese Frau ist ungefähr 40, Inguschin, kompakt gebaut, mit einem breiten, runden Gesicht.

Lange Zeit war die Witalijewa die einzige Frau in der Truppe von Bassajew. Den Männern ebenbürtig, nahm sie an schwierigsten Gebirgsüberquerungen und militärischen Operationen teil.

Sie ist zäh und kann sehr gut mit Waffen umgehen. Nach meiner Information hat Bassajew persönlich sie mit der Überwachung der Vorbereitung weiblicher Attentäter beauftragt. Die in Tschetschenien kämpfenden Araber hatten sie für die Arbeit mit künftigen Selbstmordattentäterinnen ausgebildet.

Warum wurde ausgerechnet ihr diese schwierige Aufgabe übertragen?

Bassajew war der Auffassung, dass die Vorbereitung der Schahidinnen von einer Frau überwacht werden sollte, weil dieser vonseiten der Opfer ein größeres Vertrauen entgegengebracht würde.

Von dieser Frau hörte ich das erste Mal von Marina Bisultanowas Vater. Er hatte unter den Fotos mit den getöteten Terroristen nach eben jenem „Bandenweib" Witalijewa gesucht. Und sie nicht gefunden.

Später sprachen auch alle anderen Eltern, mit denen ich zusammentraf, von ihr. Und auch sie hatten auf den Fotos nach ihr gesucht. Und sie nicht gefunden.

Die Eltern belegten sie mit übelsten Flüchen, als sie begriffen, wie grausam sie betrogen worden waren. Es verhielt sich so, dass die Witalijewa durch Tschetschenien gefahren war und junge Mädchen aus ihren Elternhäusern mitgenommen hatte, während sie den Eltern versprach, dass sie bis zuletzt bei den Mädchen bleiben würde. Sie schwor bei ihrem Leben, dass sie sie nicht verlassen und sie wieder nach Hause zurückbringen würde.

Sie selbst kam zurück. Die Töchter nicht.

Die Witalijewa war zu erfahren und zu nützlich für Bassajew und alle jene, die hinter den Terroranschlägen unter Verwendung von „Schahidinnen“ standen, als dass man sie einfach bei „Nord-Ost“ hätte sterben lassen. Sie war für die Rebellen so wichtig, dass die sie bei der Erstürmung nicht zugrunde gehen lassen wollten.

Wenn die Rebellen Videoaufzeichnungen von ihren Feldzügen machten, verbarg die Witalijewa sorgfältig ihr Gesicht, was viel über ihre Vorsicht und ihren Wunsch, nicht in Erscheinung zu treten, aussagt. Ihr Gesicht verbarg sie auch bei „Nord-Ost“. Kein einziges Mal nahm sie die Maske ab.

Die Frauen im Dubrowka-Theater waren ja nicht einmal richtige Schahidinnen. Es war nur ein Karneval, eine Farce. Sie wussten, dass sie bei der Erstürmung umkommen könnten, hatten aber nicht vor, Menschen in die Luft zu sprengen.

Man will es nicht glauben. Man hielt sie für Dämonen. Für Schwarze Witwen. Für verrückte Zombies. So war es für alle einfacher.

Anfangs konnte auch ich es nicht glauben. Weder damals, als mir ein Oberst des FSB davon erzählte, noch später, als mir ein Oberstleutnant des Innenministeriums bestätigte: „Sie gingen mit gefälschten Gürteln in den Tod.“

Ich wurde nachdenklich, als ich die geballten Fäuste von Nabi Bisultanow sah:

„Sie sollten niemanden in die Luft sprengen! Die brauchten nur die Mädchen selbst“ – und ein Aufschrei in seinen Augen.

Karneval. Farce. Totentanz.

Kapitel 4
Wer leitete die „Nord-Ost"-Geiselnahme?

Die Verantwortung für die Geiselnahme übernahm der Feldkommandant Schamil Bassajew. Er streute allen Sand in die Augen, als er erklärte, er sei der Kommandeur des Schahiden-Bataillons. Bassajew hoffte, dass niemals jemand erfahren würde, wie die Frauen seinen Banditen in die Hände gefallen waren. Und dass er, Bassajew, ein alter Bekannter des russischen FSB ist.

Gleich nach der Erstürmung des Theaters veröffentlichte die separatistische Internetseite „Kawkas-Center" eine Erklärung von Schamil Bassajew in Zusammenhang mit den Ereignissen in Moskau, in welcher er die Verantwortung für den Terroranschlag übernahm (www.kavkazcenter.com). Wie die Verantwortlichen der Internetseite beteuern, wurde ihnen der Text der Verlautbarung von einem Mitarbeiter der Staatlichen Fernseh- und Rundfunkanstalt der Tschetschenischen Republik Itschkerija überbracht, „welche wiederum vom tschetschenischen Kommandeur auf eine Kassette aufgenommen worden war".

Ich zitiere hier die zentralen Punkte dieser Erklärung:

„Gepriesen sei Allah, der Herr der Welten, Welcher uns Muslime geschaffen hat und uns Seine Gnade erwies, den Dschihad auf Seinem geraden Wege. Friede und Segen seien mit Mohammed, seiner Familie, seinen Ashabs und allen, die ihm folgen über den geraden Weg bis zum Tag des Gerichtes.

Die Aufklärungs- und Sabotageabteilung der Schahiden, ‚Rijadus-Salichin' (Paradiesische Gärten), hat eine erfolgreiche militärische Operation in der Höhle des Feindes, in seinem Herzen, in der Stadt Moskau durchgeführt. Das Ziel dieser Operation war der Versuch, den Krieg und den Genozid des tschetschenischen Volkes zu beenden, und im Falle eines Misslingens der gesamten Welt zu zeigen, dass die russische Führung ohne Zögern oder Erbarmen imstande ist, seine Bürger im Zentrum von Moskau auf viehische Weise zu vernichten. Alle Russen sollen am eigenen Leib die Herrlichkeiten des Krieges zu spüren bekommen, der von der Russerei entfacht wurde, und welcher dorthin zurückgebracht werden sollte, wo er hergekommen ist.

(...) An dieser militärischen Sonderaktion nahmen an die 40 Schahiden teil, die ihr Leben für ihren Glauben, ihre Ehre und für die Freiheit und Unabhängigkeit ihrer Heimat geopfert haben. Sie haben bei Allah ihr Los gefunden, und gebe Allah uns die Kraft, die Tapferkeit und den Iman, ebenso würdig und aufrecht den eigenen Weg zu Ende zu gehen. Wir verneigen uns vor ihrer Tapferkeit, ihrem Iman, vor ihrer Entschlossenheit, und Allah lasse uns ebenso würdig unser Leben beschließen auf dem Wege Allahs und im Namen Allahs. Allah Akbar!

Es gibt einen guten Spruch: Wer Wind sät, wird Sturm ernten. Ehre sei Allah, heute konnten wir den Krieg dorthin zurückbringen, wo er hergekommen ist. Wir haben den Krieg in die Höhle des Angreifers zurückgebracht, doch zu unserem Erstaunen hat sich herausgestellt, dass er gar kein Angreifer ist, kein Land im Kriegszustand. Es zeigte sich, dass es völlig unschuldige friedliche Bürger waren, die zu ihrem Vergnügen ein Theater besuchten.

In diesem Zusammenhang stellt sich unwillkürlich die Frage: Und was waren die Kinder, die über drei Jahre unmenschlichen blutigen Krieges in Tschetschenien gestorben sind? Was sind dann die Kinder, die zu Krüppel wurden, ohne Beine, ohne Arme, ohne Augen, gelähmt?

Wer sind die, die im Laufe von drei Jahren zu Vollwaisen wurden? Wer sind die, die spurlos verschwanden, die aus ihren Häusern verhaftet oder auf den Straßen festgenommen wurden, und deren Schicksal bis heute unbekannt ist?

Wer waren die denn?

Unsere Schahiden kamen nach Moskau, nicht um jemandes Unterstützung zu bekommen oder um der öffentlichen Meinung willen, sie kamen nicht, um Mitleid oder Mitgefühl zu erregen. Sie kamen, um den Krieg zu beenden und um Schahiden zu werden. Sie kamen unter der Devise ‚Sieg oder Paradies', und sie erlangten das Paradies. Inschallah!

Das nächste Mal werden solche kommen, die keine Forderungen stellen und niemanden zur Geisel nehmen. Es werden solche kommen, deren Hauptziel es sein wird, die Feinde zu vernichten und dem Feind einen größtmöglichen Verlust zuzufügen.

Außerdem entledige ich mich aller Posten, außer dem des Amirs des Aufklärungs- und Sabotagebataillons der Schahiden, ‚Rijadus-Salichin', entsage allen Pflichten, bis auf den Verpflichtungen gegenüber den Schahiden-Familien, und rufe das gesamte (…) tschetschenische Volk auf, sich noch enger um den Präsidenten der Tschetschenischen Republik Itschkerija, Aslan Maschadow, zu scharen, und an alle Schahiden rufe ich dazu auf, sich den Reihen des Aufklärungs- und Sabotagebataillons der Schahiden, ‚Rijadus-Salichin' anzuschließen.'

Der Amir des Aufklärungs- und Sabotagebataillons der tschetschenischen Schahiden ‚Rijadus-Salichin'

Abdullah Schamil Abu-Idris

1. November 2002"

Ich breite die Fotos der Frauen von „Nord-Ost" vor mir aus, die gewaltsam von Zuhause fortgeschafft wurden, und lese noch einmal die Erklärung Bassajews: „… an die 40 Schahiden, die ihr Leben für ihren Glauben, ihre Ehre und für die Freiheit und Unabhängigkeit ihrer Heimat geopfert haben …" Hat irgendjemand Marina Bisultanowa gefragt, ob sie mit 19 Jahren sterben will? Und sei es für „Glaube, Ehre und Freiheit"? Nicht in Würde zu sterben, wie Bassajew es verkündet, sondern schmählich, wie Vieh? Und dann nicht einmal beerdigt zu werden, sondern, nachdem sie auf einem Haufen ebenso Unglücklicher gelegen hatte, einfach im Ofen verbrannt zu werden?

Ich weiß nicht, wo es ist, das Paradies, aber hier, auf Erden, hatte sie die blanke Hölle erlebt.

Welche paradiesischen Gärten? Wovon spricht der Mann?

Niemand weiß schließlich, was wirklich geschah.

Wer ist Schamil Bassajew – dieser überaus widerwärtige tschetschenische Feldkommandant, der die jungen Tschetschenen, Männer und Frauen, zu einem kompromisslosen Kampf gegen die Russen aufruft?

Seine Biografie weist einige Besonderheiten auf. Also, Bassajew führte den Terroranschlag in der Stadt Budjonnowsk des Verwaltungsgebietes Stawropolski der Russischen Föderation an, bei dem das örtliche Krankenhaus überfallen wurde (1995). Viele Menschen wurden als Geiseln genommen und kamen im

Verlauf der militärischen Sonderoperation um. Bassajew durchlief eine militärische Ausbildung in Afghanistan (1994), in der Türkei entführte er das Frachtschiff „Avrasya" (1996), und dann folgte der Überfall auf das Musical „Nord-Ost" im Dubrowka-Theater (2002).

Der General des FSB, Alexander Michailow (mittlerweile Stellvertretender Direktor der Staatlichen Drogenaufsichtsbehörde „Gosnarkokontrol", die den Verkauf meines Buches in Russland unter dem Vorwurf der Propaganda für den Terrorismus verboten hat), schreibt in seinem Buch „Das tschetschenische Rad", dass „Bassajew mit Vertretern des Geheimdienstes durchaus geschäftliche Beziehungen unterhielt". So ging 1997 bei der Redaktion der Zeitung „Swobodnaja Grusija" (Freies Georgien) Material ein, das die Zugehörigkeit Bassajews zum Agentenapparat des KGB während seines Armeedienstes bezeugt.

Der General des FSB schreibt weiter: „Dieser Umstand hat ihn mehr als einmal vorm Tod gerettet. Zwei Gruppen seiner Todfeinde, die sich aufgemacht hatten, Bassajew zu vernichten, sind von einem Sonderkommando der GRU (Hauptverwaltung Aufklärung des Generalstabs der Streitkräfte der Russischen Föderation) vernichtet worden. Ob dies Zufall war, konnte nicht festgestellt werden."

In der Zeitung „Wersija" wurde ein sensationeller Artikel über ein Geheimtreffen von Schamil Bassajew mit dem Oberhaupt der Präsidentenadministration, Alexander Woloschin, an der Côte d'Azur im August 1999 veröffentlicht, kurz vor der Präsidentschaftswahlkampagne in Russland.

Der französische Spionagedienst stellte der Redaktion Fotos, auf denen Bassajew und Woloschin zu sehen sind, zur Verfügung. Aus dem Kreml folgte keinerlei Dementi auf den Artikel in der Zeitung „Wersija".

Worüber der gefährliche Terrorist und das Oberhaupt der Kremladministration sprachen, blieb unbekannt, doch einen Monat später initiierte Bassajew den Einfall seiner Rebellen nach Dagestan.

Und danach wurden die Wohnhäuser in Moskau und Wolgodonsk in die Luft gesprengt. Es machte sich wieder Panik breit, die Angst vor dem unsichtbaren, um sich greifenden „tschetschenischen Terrorismus".

Premierminister Wladimir Putin versprach, die „Terroristen im Klo runterzuspülen" und führte seine Truppen nach Tschetschenien. Damit eroberte Putin die Sympathien der Wähler, die, wie in Russland üblich, nicht mit dem Verstand, sondern mit dem Herzen abstimmen.

Damals, auf der Welle von Angst vor den Terroristen und Vertrauen zu dem jungen und energischen Mann, der versprochen hatte „sie zu finden und zu vernichten", fanden die Präsidentenwahlen statt. Es vollzog sich der Wechsel von Jelzin zu Putin.

Bassajew – ein Partner des Kremls und des FSB – spricht von Dschihad?!

Lüge, wohin man schaut. Und wir alle leben mit dieser Lüge, wir glauben diese Lüge. Doch was bleibt uns sonst übrig? Und was bleibt denen, die in Tschetschenien leben? Deren Kinder tatsächlich zu Krüppeln wurden, deren Männer gefallen sind?

Ihnen bleibt nur ihr Glaube. Und Provokationen zu befürworten.

Denn ihnen – Marina, Saira und Chadtschat – können andere folgen.

Jene, die die Wahrheit nicht kennen.

Jene, die wirklich nichts mehr zu verlieren haben.

Jene, welche den Worten von Männern glauben werden, die mit ihnen über Gott sprechen und über die Rache an den getöteten Ehemännern, Söhnen und Brüdern.

Teil 3

Die Wiederkehr der tschetschenischen Selbstmordattentäterinnen (2003-2004)

Die Serie von Anschlägen durch tschetschenische Selbstmordattentäterinnen riss nicht ab. Im Sommer 2003 wurde Moskau erneut von Explosionen erschüttert. Die Ausführenden waren kaum älter als 20 Jahre. Und die Geschichte wiederholte sich. Die Gründe dafür, dass diese Mädchen freiwillig dem Leben entsagten, waren unglückliche Liebe, der Verlust von Kindern oder die Verstoßung durch ihre eigenen Familien.

Der Lärm des „Nord-Ost"-Geiseldramas war abgeebbt, alle atmeten auf. Das Furchtbarste schien überstanden zu sein. Natürlich hatten diese Schahidinnen uns zu Tode erschreckt. Doch sie waren vernichtet. Eine Kugel in die Schläfe, piff-paff, Gott sei Dank, nun konnte man beruhigt weiterleben. Der Terrorismus war unter Kontrolle.

Wir alle dachten so. Wir alle hofften. Wollten hoffen.

Dabei hatte es Schamil Bassajew doch angekündigt: Die Nächsten würden nicht mehr kommen, um Forderungen zu stellen, sondern einfach nur, um zu töten.

Und so geschah es.

Neun Monate später. Tuschino, ein Rock-Konzert. Unsere Kinder.

Wofür?

Niemand hatte begriffen, dass die „Nord-Ost"-Geiselnahme nur ein Vorspiel gewesen war. Dass wir alle auf etwas noch Größeres hätten gefasst sein sollen. Dass wir hätten nachdenken sollen. Lehren ziehen. Bassajew hatte ja bereits im November des Vorjahres von der Wiederkehr der Schahiden gesprochen. Natürlich hätten nicht vor allem wir, die einfachen Bewohner der russischen Städte, jede Stunde daran denken sollen. Sondern unsere Miliz. Unsere Geheimdienste.

Sie hätten diese furchtbaren Ausbildungslager finden sollen. Und sie vernichten – nein, nicht die Frauen, die dort zu Schahiden erzogen wurden, sondern jene, die sie benutzten. Die sie umbringen und dabei auch noch unsere Kinder mit in den Tod reißen wollten.

Hätte man diese Menschen ein halbes Jahr zuvor ausradiert, wir und die befreiten Schahidinnen wären dankbar gewesen.

Denn auch sie wollten leben, genauso wie unsere Kinder. Sie wollten heiraten, Kinder gebären und großziehen. Glück, Sonne und Leben – das war es, was sie wollten.

Doch die Geheimdienste konnten es nicht. Oder wollten es nicht. Oder beides. Ich weiß, wovon ich spreche: Keiner von jenen, die die Selbstmordattentäter für „Nord-Ost“ anheuerten, ist je bestraft worden. Sie sind alle am Leben. In Freiheit. Die Häuser, in denen die Attentäterinnen lebten, bevor sie aus Tschetschenien fortgebracht wurden, sind alle unversehrt. Und man wird wieder neue Opfer dorthin bringen.

Diese Leute, die Werber, werfen neue Netze aus, streifen durch Tschetschenien auf der Suche nach unglücklichen Mädchen, die gerade erst zu leben begonnen und doch bereits erfahren haben, was Leid bedeutet.

Und diese Mädchen sind bereits auf dem Weg zu uns. Sie sind bereits hier. Seht euch um. Da, seht: Jener Frau dort hat man einen Gürtel umgehängt und schickt sie in die Menge. Um sie zu töten. Uns. Unsere Kinder. Unsere Träume. Unser Leben.

SULICHAN ELICHADSCHIJEWA

„Ich liebe dich, ich liebe dich und werde dich dort lieben, im Himmel.“

Als sich das dunkelhaarige Mädchen am 5. Juli 2003 den Kassenschaltern am Flugplatz Tuschino nähert, wo das Rock-Festival „Krylja“ („Flügel“) beginnt, bleibt es plötzlich stehen.

Ein paar Sekunden später ertönt eine Explosion. Das Mädchen fällt zu Boden. Blut strömt aus dem aufgeplatzten Bauch. Anstelle des Gürtels – gähnende Leere.

In der Schlange vor der Kasse bricht Panik aus. Opfer gibt es bislang keine. Niemand ringsum beginnt nach dem „Begleiter“ zu suchen – nach dem, der die Attentäterin hierher gebracht hat. Der ganz sicher irgendwo in der Nähe ist und den Verlauf der Dinge verfolgt.

Keiner der Milizionäre, von denen an diesem Tag nicht wenige in Tuschino anwesend sind, macht sich daran, mehr oder weniger verdächtige Personen zu kontrollieren. Obwohl doch klar ist, auf wen man besonders achten muss: auf junge, dunkelhaarige Mädchen mit Gürteln und Taschen oder einfach nur in weiter Kleidung, die nervös in der Menge herumstehen.

Nichts. Nach etwa 15 (!) Minuten ertönt nur wenige Meter von der verletzten Attentäterin entfernt erneut eine Explosion.

Sie zerreißt ein weiteres Mädchen – jung, dunkelhaarig, mit Gürtel. Die Explosion ist lauter als die vorige. Fünfzig Menschen, die sich innerhalb ihres Wirkungsradius befinden, werden mehr oder weniger schwer verletzt.

Elf Menschen sterben noch vor Ort, vier weitere im Krankenhaus.

Von der zweiten Attentäterin bleibt nichts übrig außer ihrem Kopf und dem oberen Teil des Rumpfs. Wenn sie persönliche Dokumente dabei gehabt hat, so sind diese verbrannt.

Nach dem Anschlag, der ganz Moskau schockiert, wird der Innenminister den Milizeinheiten der Hauptstadt seinen Dank dafür aussprechen, dass diese die Terroristinnen nicht zum Festival durchließen und so Schlimmeres verhinderten.

Bei dem ersten Mädchen, dessen Körper aufgrund der missglückten Explosion fast ganz geblieben ist, wird man Dokumente auf den Namen der beinahe 20-jährigen Sulichan Elichadschijewa aus dem tschetschenischen Dorf Kurtschala finden. In der Handtasche lagen neben den Dokumenten das Tagebuch der Attentäterin sowie ein Abschiedsbrief, adressiert an ihren Stiefbruder.

Diese in holprigem Russisch geschriebenen Botschaften legen mit beängstigender Offenheit die wahren Gründe für den Tod der 19-jährigen Sulichan an den Tag.

Der Held ihres Tagebuchs und Adressat ihres Abschiedsbriefs ist Schaga alias Machmad alias Danilchan alias Elichadschijew (bei den Muslimen sind mehrere Vornamen zulässig), geboren 1984, Sulichans Stiefbruder – sie hatten den gleichen Vater.

Sulichan liebte ihren Bruder, ihre Beziehung war keineswegs platonisch: Sie schliefen miteinander. Dafür wurde Sulichan von ihrem Vater verflucht und musste das elterliche Haus gemeinsam mit Danilchan im April 2003 verlassen, drei Monate vor dem Anschlag.

Im Folgenden führe ich Auszüge aus ihrem Tagebuch an, die während der Gerichtsverhandlung in der Sache Sarema Muschachojewa (einer anderen Selbstmordattentäterin, von der später noch die Rede sein wird) durch den Staatsanwalt Alexander Kubljakow verlesen wurden. Sarema selbst hat Sulichan, mit der sie die letzte Nacht vor dem Anschlag gemeinsam verbrachte, so in Erinnerung:

„Man gab ihnen die Gürtel und befahl ihnen, ihre Pässe abzugeben. Sinaida gab ihren Pass ab, Sulichan aber begann zu schreien, dass sie ohne Pass nirgendwo hingeht. Sie war sehr mutig. Sie sagte, sie brauche den Pass, ihre Verwandten sollten im Fernsehen von ihr erfahren und begreifen, wozu sie sie getrieben haben."

Der Staatsanwalt begann seinen Vortrag mit der ersten Seite von Sulichans Tagebuch:

„Dieser Notizblock gehört einem Mädchen, hier ist von ihrem Leben die Rede. Ich bitte darum, dass niemand das liest – nur Schaga und Roma wissen davon, sie sind mir am nächsten. Außer ihnen vertraue ich niemandem, sie dagegen liebe ich von ganzem Herzen, und Allah soll sie mir nicht wegnehmen, inschallah. Das Schicksal war stets gut zu mir, aber meine Liebe war immer unglücklich."

Dann ging er zu den Seiten fünf und sechs über: „14. 04. 2003: Heute fährt mein Schaga fort, er wird mir sehr fehlen, aber schon bald holt er mich zu sich. Den ganzen Tag sind wir durch die Stadt gestreift, haben ihm ein T-Shirt und dann noch Obst gekauft. Abends sind wir auf den Boulevard gegangen und haben uns dort fotografieren lassen, und dann sind wir am Meer spazieren gegangen. (Die einzige Stadt, die am Meer liegt, ist Machatschkala im benachbarten Dagestan, Anm. d. Autorin.) Wir waren sehr ausgelassen, aber meine Seele ist bedrückt. Mein Herz weinte, obwohl ich lachte. Dann gingen wir nach Hause, aßen, und dann kamen Schagas Freunde, sie redeten, und ich fuhr mit, um ihn zu begleiten. Ich habe die ganze Nacht geweint und bin dann eingeschlafen. Er fehlt mir so! Ich habe geträumt, dass ich heirate, ich trug ein Hochzeitskleid, habe mich aber selbst geschmückt. Was das alles wohl zu bedeuten hat, ich verstehe das nicht. Möge Allah Schaga schützen. Alles andere ist mir egal. Den Tod fürchte ich nicht, aber meine Familie. Und Allah. Möge Allah mir verzeihen. (Offensichtlich begreift Sulichan die Schwere ihrer Sünde – die wilde Ehe mit ihrem Bruder – und bittet Allah, er möge ihr helfen, eine Schahidin zu werden. Nur so glaubt sie sich von ihrer Sünde befreien zu können. Anm. d. Autorin.)

15. 04. 2003: Ich bin um 12:30 aufgestanden, habe etwas gegessen, und dann hat Schaga angerufen. Er ist bereits in Nasran angekommen. Ich war so froh, als er mich anrief! Dann bin ich mit Sarema, Nusseiba und Chadischta im Park spazieren gewesen. Wir haben gelacht und Witze gemacht, aber mein Herz hat trotzdem geweint und ich habe mich nach Schaga gesehnt. Er versteht nicht, wie sehr ich ihn liebe. Ich würde mein Leben für ihn geben, wenn es sein muss! Ich konnte nur träumen, ich sah nicht, wie ..."

Und weiter: „Dem Tod entkommen wir nicht. Selbst in der weitesten Ferne wird Er uns finden, wo immer wir auch sind. Es ist nur schade, dass mein Geliebter im Paradies nicht bei mir sein wird, wie sehr ich es mir auch wünsche! Ich werde Schahidin, und das ewige Paradies wird anbrechen, inschallah!"

Der Staatsanwalt las auch noch den Abschiedsbrief an Danilchan Elichadschijew vor: „Friede deinem Haus, mein Herz Machmad! Ich habe eine Bitte an dich, verzeih mir, mein kleiner Schaga.

Schaga, denke nicht, dass ich dich nicht liebe oder nicht an dich denke. Ich habe niemand außer dir auf der ganzen weiten Welt und deshalb habe ich beschlossen, Schahidin auf dem Weg Allahs zu werden. Bitte tue niemandem etwas an, ich habe das freiwillig getan, niemand hat mich gezwungen. Du weißt ja, wie sehr ich das wollte, nur wollte ich dich einfach nicht allein lassen, aber Allah ist mit dir, er wird sich um dich kümmern. Geh nicht in den Wald, nimm einfach einen Gürtel und werde Schahid auf dem Weg Allahs. Dann werden wir zusammen sein. („Geh nicht in den Wald" bedeutet: Geh nicht dorthin, wo sich die Rebellen verstecken. Anm. d. Autorin.)

Bleib nicht auf der Erde, Schaga. Komm schnell zu mir. Ich werde ungeduldig auf dich warten und dich niemand anderem lassen. Lass alles und alle hinter dir. Sie werden schon ihr Teil von Allah bekommen. Er ist ihr Richter, nicht du. Bitte, ich flehe dich an: Werde Schahid auf dem Weg Allahs!

Ich werde sehnsüchtig auf dich warten. Ich liebe dich, ich liebe dich und werde dich dort lieben, im Himmel. Ich wollte nicht auf dieser schmutzigen Welt leben und in die Hölle kommen. Davor hatte ich immer furchtbare Angst. Und dass ich dich mit hinabziehe. Wir haben einander in die Hölle gestoßen. Doch nun werde ich beweisen, wie sehr ich dich geliebt habe. Ich brauche niemanden außer Allah und dir. Weder hier noch dort. Das sollst du wissen."

Als ich diese Aufzeichnungen später noch einmal durchlas, wurde mir mulmig. Als hätte ich mich in Abwesenheit der Hausherren an ihren Wäscheschrank gemacht und dort etwas Unanständiges, Intimes gefunden.

Eine Geschichte von Romeo und Julia, übertragen in unsere Zeit, eine Zeit religiöser Streitigkeiten und des Kriegs. Diese bescheidene, liebenswerte Medizinstudentin, die Plüschtiere mochte, hatte durch die Liebe, die auf sie einstürzte, völlig den Kopf verloren. Alles in ihr war durcheinander geraten: Liebe und Hass, Verzweiflung und Angst, Glaube an Allah und sündige Bruderliebe, Dschihad und gewöhnliche Suizidgedanken.

Der verängstigten Sulichan hatte jemand eingeflüstert: Du musst dein Leben opfern, um dich von der Sünde zu befreien. Diese Menschen, die Selbstmordattentäterinnen anwerben, sind hervorragende Psychologen. Sie sahen, dass Sulichan strauchelte, doch anstatt ihr die Hand zu reichen, stießen sie sie ins Grab.

Weit entfernt von zu Hause betet Sulichan, liest religiöse Bücher, sie lernt neue Freunde und Freundinnen kennen, die sie dazu überreden, sich das Leben zu nehmen. Man legt ihr nahe, Ungläubige zu töten, die Schuld daran seien, dass in ihrem Land schon so viele Jahre Krieg herrscht. Sie ist furchtbar einsam, sie weiß nicht, wie sie weiter leben, was sie anfangen soll. Sie hat panische Angst davor, nach Hause zurückzukehren, Angst vor der Wut ihrer Familie. Das Einzige, was sie am Leben hält, sind die Gefühle für ihren Bruder, sie nährt sich von ihnen, nur sie geben ihrer weiteren Existenz noch einen gewissen Sinn. Wenn sie sich in die Luft sprengte, vollbrächte sie eine edle Tat – sie wäre eine Kriegerin Allahs. Das klingt doch wirklich verlockender, als einfach nur vor Ausweglosigkeit Hand an sich zu legen. Also willigt sie ein, einen Terroranschlag auszuführen.

Wie sich ihre Gedanken verändern, wird aus ihrem Tagebuch ersichtlich. Innerhalb weniger Monate wird in Sulichan der Wunsch immer stärker, ins Paradies zu kommen, ihr Wortschatz wird immer religiöser: „Ich habe beschlossen, Schahidin auf dem Wege Allahs zu werden."

Sie träumte vom Tod, denn das Leben hatte ihr viel Leid zugefügt. Doch in ihrem Egoismus, ihrem Wunsch, die eigene Kränkung zu demonstrieren, ging sie so weit, dass sie vergaß: Sie würde nicht nur sterben, sondern auch TÖTEN.

Sulichan hat nicht nur völlig unschuldige Menschen getötet. Sie hat auch ihren Vater getötet, der sich für den Rest seines Lebens die Schuld an ihrem Tod geben wird. Und sie hat ihr eigenes ungeborenes Kind getötet: Laut Autopsiebericht war Sulichan schwanger.

SINAIDA ALIJEWA

„Kein Leben mehr."

Die 26-jährige Sinaida Alijewa war die Schwägerin einer der Attentäterinnen des „Nord-Ost"-Geiseldramas, der dem Leser bereits bekannten Sara Alijewa.

Sie war mit Saras Bruder verheiratet – dem Rebellen Mowsar. Gemeinsam mit ihm lebte sie in einem Bergdorf, ertrug die

Schwierigkeiten und Entbehrungen des mühseligen Lebens um ihres geliebten Ehemannes willen.

Sinaida wurde schwanger. Eine heiß ersehnte Schwangerschaft! Sie hatte schon lange von einem Kind geträumt. Doch dann geschah etwas, das sie sich nicht einmal im Traum hätte vorstellen können: Als der Amir der Gruppe von Sinaidas Schwangerschaft erfuhr, befahl er Mowsar, seine Frau zu einer Abtreibung zu veranlassen.

Dieser war nicht in der Lage, sich dem Befehl seines Kommandeurs zu widersetzen. Er brachte Sinaida nach Inguschetien, wo die Ärzte alles Notwendige erledigten.

Ob diese Frau unter diesem Ereignis litt? Keine Frage. Hätte sie sich ihrem Mann widersetzen können? Unter keinen Umständen.

Bald darauf kam Mowsar im Kampf ums Leben. Und Sinaida blieb allein – ohne Kind und ohne Ehemann. Allein auf der ganzen weiten Welt. Das Leben hatte allen Sinn verloren.

Nach meiner Information sollte sie bereits bei der „Nord-Ost"-Geiselnahme gemeinsam mir ihrer Schwägerin eingesetzt werden. Irgendetwas klappte nicht, also sprengte sich die Alijewa in Tuschino in die Luft und riss 16 Menschen mit in den Tod.

SAREMA MUSCHACHOJEWA

„Es hat sich einfach so ergeben. Ich hatte niemanden, bei dem ich unterkommen konnte. Sterben ist ein guter Gedanke!"

Die 23-jährige Sarema Muschachojewa hätte schon zweimal sterben sollen. Das erste Mal sollte sie sich in der Militärsiedlung Mosdok mit einem Bus voller russischer Militärangehöriger in die Luft sprengen.

Doch sie schaffte es nicht. Da brachte man sie nach Moskau, wo sie im Juli 2003 das „Mon kafe" in der Twerskaja-Jamskaja-Straße hochgehen lassen sollte. Doch wieder gelang es ihr nicht, sich umzubringen!

Eine glücklose Selbstmordattentäterin, was soll man da sagen. Die Muschachojewa ergab sich der Miliz, man schaffte sie fort zum Verhör, doch der Waffenexperte des FSB kam ums Leben, als er ihre Tasche entschärfen wollte. Über ein halbes Jahr wartete sie in einer Zelle in Lefortowo auf ihren Prozess. Und in dieser Zeit gab sie nur ein einziges Mal Erklärungen ab, in denen sie Reue zeigt und ihr Leben en détail schildert. (Veröffentlicht in der Zeitung Iswestija.)

„Haben Sie aus freien Stücken den Entschluss gefasst, Selbstmordattentäterin zu werden, oder unter Zwang?"

„Aus freien Stücken. Es hat sich einfach so ergeben. Ich hatte niemanden, bei dem ich unterkommen konnte. Meine Eltern waren nicht da. Meine Mutter verließ mich, als ich zehn Monate alt war. Mein Vater ging als Tagelöhner nach Sibirien und wurde dort umgebracht, als ich sieben war. Ich habe bei meinen Großeltern gelebt. Mit 19 habe ich geheiratet, er hieß Chassan und war 20 Jahre älter als ich. Es gab ja nicht besonders viele Bewerber, er hatte mich selbst ausgesucht, und reich war er auch noch. Er hat mich entführt, wie es bei uns Sitte ist. Abends ist er angekommen, hat mit den Scheinwerfern seines BMWs geblinkt, ich bin raus, und er hat mich mitgenommen. Ich bin fast sofort schwanger geworden, und als ich im zweiten Monat war, haben sie meinen Mann erschossen. Er war Geschäftsmann, Metalle, irgendwas hatte er mit seinen Konkurrenten nicht teilen wollen. Danach habe ich in Slepzowsk gelebt, bei seinen Verwandten. Ich habe ein Mädchen bekommen, hab sie Raschana genannt und bis zum siebten Monat gestillt. Und dann musste ich eine Entscheidung treffen: Das Kind würde ja ohne Vater aufwachsen. Meine Großeltern haben sich geweigert, sie aufzunehmen, sie sagten, sie könnten sie nicht auch noch ernähren. Also hat mir der Bruder meines Mannes meine Tochter weggenommen.

Mich haben sie nach Hause geschickt, ich sollte mein Leben in Ordnung bringen. Ja, das ist bei uns völlig normal. Es wäre auch in Ordnung gewesen, hätte ich nicht Raschana so sehr geliebt. Ich habe sehr gelitten. Und dann habe ich aus der Truhe meiner Großmutter den Schmuck einer meiner Tanten gestohlen: Ringe, Ohrringe und Armbänder. Ich habe meine drei Ringe dazugelegt, alles auf einen Basar nach Inguschetien gebracht und schnell für 600 Dollar verkauft. Dann bin ich zu meiner Schwiegermutter gegangen und habe sie gebeten, mit Raschana spazieren gehen zu dürfen. Ich hab sie mir geschnappt und bin schnell zum Flughafen. Ich dachte, ich würde erst einmal zu einer Tante nach Moskau fliegen, dann würden wir weiter sehen. Ich konnte einfach nicht ohne meine Tochter leben!

Mein Unglück war, dass ich der Großmutter einen Zettel zurückgelassen hatte, dass ich mit Raschana nach Moskau fliege. Ich Idiotin! Am Flughafen warteten bereits sechs Tanten auf mich. Sie schrien mich an, verprügelten mich, nahmen mir meine Tochter weg, brachten sie zurück zu den Verwandten meines Mannes und nannten mich eine Diebin. Alle meine Verwandten haben davon erfahren. Meine Tanten ließen mir keine ruhige Minute: Sie kamen zu mir, um mich zu ‚erziehen'. Sie schlugen mich und schrien: ‚Verrecken sollst du!' Und da dachte ich: Wieso nicht? Ich bin zu Raissa Ganijewa gegangen und habe gesagt, dass ich mich opfern will, und dass ich dafür Geld brauche, um meinen Verwandten die Schulden zurückzuzahlen."

Danach begann für Sarema eine Zeit unglaublicher Fährnisse. Raissa Ganijewa stellte sie ihrem Bruder Rustam vor, der sie in die Berge zu den Rebellen brachte. Dort hatte Sarema eine Unterredung mit Schamil Bassajew. Er fragte sie, was sie wolle. Die Muschachojewa antwortete, sie wolle ihr Leben opfern, denn sie stehe bei ihren Verwandten in der Schuld. Bassajew bot ihr an, einen der Rebellen zu heiraten und bei ihnen im Wald zu bleiben: „Mit deinen Verwandten rechnen wir schon noch ab."

„[...] Aber ich wollte sterben, nicht irgendwo im Wald hocken wie eine Ratte! Sie leben dort in Unterständen, fast schon in Löchern. Nachts sitzen sie ohne Strom und Feuer, die Erde ist feucht und kalt. So wollte ich nicht leben!"

Danach brachte man Sarema mal in die Berge, mal in irgendeine Kleinstadt, wo sie sitzen und auf die Stunde ihres Todes warten sollte. Nach Hause zurückkehren konnte Sarema nicht mehr: Zuletzt hatte man sie dort nicht einmal mehr angeschrien oder geschlagen, sondern einfach aufgehört, sie zu beachten oder gar mit ihr zu sprechen. Sarema existierte nicht mehr – für ihre Familie war sie Luft geworden.

„Ich begriff damals, dass ich in meinem Leben nichts Gutes mehr erleben würde. Ich würde Raschana nicht mehr wiedersehen, der Bruder meines Mannes hatte sie bereits offiziell adoptiert. Als ich zum letzten Mal bei ihr war, saß sie in den Armen ihrer Tante Lida und sagte zu ihr: ‚Schau, Mama, was Tante Sarema mir für schöne Sachen mitgebracht hat, komm, wir zeigen es Papa.' Mir blutete das Herz – ich hatte sie doch ausgetragen, hatte sie geboren, sie war doch mein Töchterchen, mein eigen Fleisch und Blut! Aber ich begriff, dass ich sie nicht mehr wiederhaben konnte. Alles war vorbei. Ein zweites Mal heiraten konnte ich nur einen Alten, als zweite oder dritte Frau. Ich war über und über mit Schande bedeckt. Ich hatte die Tante bestohlen – Schande; hatte versucht, mein Kind zu entführen – Schande; hatte versucht, von zu Hause fortzulaufen – Schande; war von zu Hause fortgegangen, und dann auch noch zu den Wahhabiten – erneut Schande; hatte vorgehabt, Russen in die Luft zu jagen – Schande; und hatte es nicht fertig gebracht – wiederum Schande."

Als die mit Schande bedeckte Sarema beschließt sich umzubringen, tut sie dies nicht nur, um ihre Schuld vor der Familie einzulösen. Sie entschließt sich zu diesem Schritt, weil sie begreift, dass es in ihrem Leben nichts Positives mehr gibt und nie mehr geben wird.

Nachdem sie einige Monate in den Bergen verbracht hat, trifft Sarema in der winzigen Militärsiedlung Mosdok ein. Als Rustam Ganijew sie dorthin bringt, verkündet er ihr, dass sie einen Militärbus mit Piloten darin in die Luft sprengen soll. Man mietet für sie Wohnraum in einem Mehrfamilienhaus, drückt ihr eine beträchtliche Summe Geld in die Hand und verlangt von ihr, sie solle dort ruhig und unauffällig leben, ohne mit irgendwem in Kontakt zu treten. Bei Sarema wohnt noch eine weitere Frau von etwa dreißig Jahren. Doch die Muschachojewa hält es nicht aus: Sie schließt Bekanntschaft mit allen Nachbarinnen und sitzt noch am selben Abend auf einer Bank vor dem Haus.

Am nächsten Tag bringt sie ein wütender Ganijew aus Mosdok fort nach Naltschik und kehrt mit ihr am 3. Juni wieder zurück – dem Tag, an dem der Terroranschlag geschehen soll.

Ganijew hängt Sarema vorsorglich anstelle eines Gürtels gleich zwei um, dann fährt er sie zur Bushaltestelle.

„Ich wartete auf den Bus. Leute in blauen Jacken mit Reißverschluss stiegen aus. Jetzt hätte ich die Kabel zusammenfügen sollen. Aber ich brachte es nicht fertig. In dem Moment begriff ich, dass ich mich niemals in die Luft würde sprengen können! Und ich bereute, dass ich diesen Vertrag geschlossen hatte. Ich saß lange an dem Zaun, und mir wurde immer schlechter. Dann rief ich Rustam Ganijew von einer öffentlichen Telefonzentrale aus an. Ich sagte ihm, der Bus sei nicht gekommen. Rustam holte mich mit einem weißen Auto ab. Ich bekam hohes Fieber und Schüttelfrost. Man brachte mich nach Naltschik ins Krankenhaus. Wie sich herausstellte, hatte ich eine Kieferhöhlenentzündung."

Man punktierte Sarema und ließ sie im Krankenhaus. Ihre plötzliche Erkrankung diente als Rechtfertigung dafür, dass sie die Explosion nicht hatte auslösen können. Es ist kaum zu glauben, was Sarema hier erzählt:

„Rustam verhielt sich sehr gut zu mir. Er scherzte und machte Witze. Manchmal schien es mir, dass ich mich vielleicht doch nicht würde umbringen müssen. Er kam mich besuchen, erkundigte sich, wie es mir ginge. Nie sprach er mit mir über den Tod. Wenn er mich im Krankenhaus besuchte, brachte er Obst mit und sogar Blumen. Doch einen Monat später setzte er mich in ein Flugzeug nach Moskau. Nun sollte ich meinen misslungenen Anschlag wieder gutmachen und mich in Moskau in die Luft sprengen."

Also fliegt Sarema nach Moskau. Ein junger Tschetschene namens Ruslan Saajew holt sie am Flughafen ab und bringt sie in die Siedlung Tolstopalzewo unweit der Hauptstadt. Einen Tag später treffen dort auch die Tuschino-Attentäterinnen Sulichan Elichadschijewa und Sinaida Alijewa ein.

So erinnert sich Sarema an ihren letzten Tag in der Siedlung:

„Am 8. Juli kam Ruslan und sagte: ‚Es wird morgen stattfinden.' Er gab mir einen Hidschab – ein Tuch, dass das Gesicht ganz bedeckt – und befahl mir, ein schwarzes Kleid mit geschlossenem Hals und langen Ärmeln anzuziehen. Dann gab er mir ein Blatt, auf dem meine Ansprache an die Menschen aufgeschrieben war. An den Text erinnere ich mich nur ungefähr. Etwa so: ‚Mein Tag ist gekommen, und morgen werde ich gegen die Ungläubigen ziehen, im Namen Allahs, in meinem und eurem Namen, im Namen des Friedens.‘

‚Wir werden diese Ansprache anderen Mädchen und Jungen zeigen, damit sie wissen, dass du eine Heldin bist. Damit sie deine Überzeugung erleben und sich auch auf diesen Weg machen‘, sagte Ruslan. ‚Du gehst fort, aber dies hier bleibt. Wir werden die Kassette deinen Verwandten und Freunden schicken.‘

Er vermied es, Wörter wie ‚Tod‘ oder ‚Terroranschlag‘ zu gebrauchen. Ich schaute mir den Text an, Ruslan setzte mich vor einen Teppich und schaltete die Videokamera ein. Ich saß mit gesenktem Blick da, während Ruslan das Blatt mit dem Text in der Hand hielt, damit ich, falls nötig, ablesen konnte. Wie im Theater ... So nahmen wir gleich beim ersten Mal alles auf.

Ich wollte, dass meine Verwandten meine Ansprache sahen. Dass ich gestorben war und meine Schande mit Blut reingewaschen hatte. Dass ich ein gutes Mädchen war und sie nicht mehr stören würde. Als die Aufnahme zu Ende war, zog ich das schwarze Kleid und den Hidschab aus und meine eigenen Sachen wieder an: Jeans und T-Shirt. Dann kochte ich für Ruslan und seinen Freund irgendwelches Gemüse und Fleisch. Ich wusch alle meine Sachen. Am meisten bedrückte mich, dass ich am nächsten Tag alleine dorthin gehen würde. Ich betete und nahm Baldrian. Vor dem Einschlafen las ich in dem Buch ‚Predsmertny mig‘ (‚Der Augenblick vor dem Tod‘), das mir Raissa Ganijewa in Tschetschenien gegeben hatte:

[...] – Du bist der Grund, dass Allah dieser Gemeinde solche Erleichterung gesandt hat. Dann hat Allah, der Allerhöchste, dich von Höhe der sieben Himmel herab freigesprochen und die Verleumdung der Unaufrichtigen zurückgeschlagen. Und es gibt keine Moschee, die dem Namen Allahs Ehre bereitet, in der nicht Tag und Nacht Ajats gelesen werden über deine Unschuld.

– Lass mich, Ibn Abbas. Ich schwöre bei Allah, ich möchte der Vergessenheit anheim fallen und für immer vergessen sein. (Halid ibn Abdurrahman ash-Shaji Sultan ibn Fahd ar-Rashid. Predsmertny mig. Verlagshaus Badr, Moskau 2001)

Am 9. Juli wachte ich früh auf. Ich bin immer schon vor Sonnenaufgang wach, ohne Wecker, aus Gewohnheit, zum Morgengebet. Ich habe gebetet und die Sachen gebügelt, die ich am Vortag gewaschen hatte. Dann wurden meine Kleider inspiziert, und man sagte mir, dass an ihnen keine Spuren des Lebens seien. Es stimmt, ich wasche meine Sachen sehr häufig. Ruslan und Andrej gingen hinaus und kamen mit einer schwarzen Stofftasche über die Schulter und einem Schahidengürtel zurück."

Man brachte Sarema ins Stadtzentrum. Doch sie wusste bereits, dass sie es nicht fertig bringen würde, sich in die Luft zu sprengen. Dafür gab es mehrere Gründe.

„Ich wollte niemanden töten. Unsere Leute kennen das friedliche Leben nicht, ich weiß nicht, aber würden sie es kennen, würden sie auch nicht töten. Wären da nicht die Säuberungen, man wüsste gar nicht, woher man die Selbstmordattentäter nehmen könnte. Die Wahhabiten nutzen die Säuberungen aus. Als ich nach Moskau kam und sah, wie die Menschen dort leben, begriff ich, dass ich mich niemals in die Luft sprengen würde. Ich hatte solche Sachen noch nie im Leben besessen. Keines der Mädchen bei uns hatte das. Hätten sie gesehen, was es dort für Geschäfte gibt, niemand hätte sich in die Luft gesprengt … Und dann will ich einfach unbedingt meine Tochter wiedersehen. Ich träume oft von ihr. Die Wahhabiten haben mir versprochen, dass ich immer donnerstags vom Himmel herabsteigen würde, um sie zu sehen. Aber ich habe ihnen nicht geglaubt. Sie waren ja nicht selbst im Paradies gewesen, woher konnten sie das also wissen? Meine einzige Chance, Raschana zu sehen, war, sie hier, auf der Erde, aufzusuchen."

Der Mythos vom Fanatismus und der Aggressivität der tschetschenischen Selbstmordattentäterinnen löst sich nach Sarema Muschachojewas Erzählung in Luft auf.

Sarema entlarvt sämtliche Videobänder, auf denen junge und schöne Geschöpfe schwören, mit den Ungläubigen abzurechnen.

Nicht mit den Ungläubigen versuchen sie abzurechnen, sondern mit ihrer eigenen Trauer, ihren früheren Fehlern, ihrem vergangenen, zerstörten Leben.

Die Bombenanschläge vor dem Hotel „National" (Dezember 2003) und in der Moskauer Metro (Februar 2004)

Während Sarema in Untersuchungshaft saß, kam es in Moskau erneut zu Bombenanschlägen.

Im Dezember 2003 jagte sich eine Attentäterin vor dem Hotel „National", nur wenige Schritte vom Kreml entfernt, in die Luft. Alles, was von ihr übrig blieb, war ihr Kopf. Der Körper wurde in Stücke gerissen, folglich wurden auch keine persönlichen Dokumente bei ihr gefunden.

Soweit ich weiß, legten die Mitarbeiter des FSB diesen Kopf sogar der in Lefortowo in Isolationshaft einsitzenden Muschachojewa vor, doch konnte auch sie die Verstorbene nicht identifizieren.

Außer der Videoaufnahme einer Frau mittleren Alters in langem Mantel, festgehalten von einer Außenkamera des Hotels wenige Augenblicke vor der Explosion, verfügen die Geheimdienste über keinerlei Hinweise zur Person der Attentäterin.

Der Terroranschlag vom 5. Februar 2004 fand bereits unter der Erde statt, in der Metrostation „Awtosawodskaja". Zwei Waggons eines Zuges wurden vom Explosionsdruck aufgebläht wie Konservendosen. Wer an diesem Unglücksmorgen im zweiten Waggon fuhr, hatte keine Chance zu überleben, denn dort befand sich der Sprengsatz. Die Zahl der Opfer beläuft sich offiziell auf fünfzig, inoffiziell auf hundert Personen. Ganz Moskau weinte.

Der FSB entschied, dass eine Selbstmordattentäterin den Anschlag in der Moskauer Metro ausgeführt haben musste. Eine Außenkamera half dem Geheimdienst, diese Version wenigstens einigermaßen zu belegen: Das russische Fernsehen zeigte Aufnahmen einer Frau von kaukasischem Äußeren, die die Rolltreppe zu den Zügen hinunterfährt. Sie trägt eine große, schwere Tasche.

Die Explosion ereignete sich einige Minuten, nachdem der Zug die Station „Awtosawodskaja" verlassen hatte. Diejenigen, die sich im zweiten Waggon neben der Attentäterin befunden hatten, waren kaum noch zu identifizieren. Aus demselben

Grund ist auch die Identität der Terroristin, die diesen – bislang vorletzten – Terrorakt in Moskau verübte, ungeklärt geblieben. Die Organisatoren der Terroranschläge haben ihre Methoden verfeinert: Die Identität der Ausführenden kann nicht festgestellt werden, da von ihnen tatsächlich nichts übrig bleibt.

Konnte Sarema Muschachojewa, deren Prozess am 23. März begann, nach diesen furchtbaren Anschlägen mit Nachsicht seitens des Geschworenengerichts rechnen?

Natürlich nicht. Im April 2004 erkannten die Geschworenen die Muschachojewa für schuldig in allen Anklagepunkten. Weder die herzzerreißende Lebensgeschichte dieser jungen Frau rührte sie, noch ihre Reue, ihre Weigerung, die Anschläge auszuführen, ihre Kooperationsbereitschaft bei den Ermittlungen – nichts.

Das Gericht verurteilte Sarema Muschachojewa zu zwanzig Jahren Freiheitsstrafe. Die Angeklagte erlitt noch im Gerichtssaal einen hysterischen Anfall und einen schweren Nervenzusammenbruch.

Mit diesem harten Urteil hat das russische Gericht einen Schlusspunkt unter den Fall der tschetschenischen Selbstmordattentäterinnen gesetzt. Hoffen wir, dass es ein Schlusspunkt ist. Denn drei Punkte können alles mögliche bedeuten …

Teil 4
Wie eine Frau zur Marionette wird

„Wessen Gedanken halten dich gefangen?
Wieso bist du auf Menschenjagd gegangen?
Ein Hexer hat über dich Gewalt erworben,
Schon viele hat er, wie dich jetzt, verdorben.
Wie eine Puppe kann er dich kontrollieren,
Nie mehr wird er die Macht über dich verlieren!
Ein Albtraum scheint dies alles, gar nicht wahr,
Ich lebe hier in ständiger Gefahr!“

Dieses Lied mit dem Titel „Der Puppenspieler“ spielte die Gruppe „Korol i schut“ („König und Narr“) auf dem Rockfestival in Tuschino, als sich die erste Schahidin in die Luft sprengte.

Da ich unter das vorherige Kapitel einen Punkt – oder drei Punkte – gesetzt habe, will ich nun zurückschauen und davon berichten, was ich über den Prozess der „Vorbereitung“ weiß – über die Verwandlung einer jungen, lebensfrohen Frau in eine „lebende Bombe“.

Ein Jahr lang habe ich mich mit diesen Kamikaze-Frauen beschäftigt. Ich bin durch Tschetschenien gereist, habe mit den Verwandten der Verstorbenen und mit Mitarbeitern der Geheimdienste gesprochen. Ich denke, nach einem Jahr habe ich das Recht, gewisse Schlüsse zu ziehen: Von zehn Schahidinnen handelt nur eine aus Überzeugung, will um jeden Preis Rache üben und dafür sterben. Die übrigen neun sind ein Bluff.

Vor mir liegt ein Ausschnitt aus einem „einzigartigen Bericht, der 1985 für die Führung des damaligen KGB erstellt wurde“ und der die – aus dem Nahen Osten heraufziehende – Gefahr des Einsatzes von Selbstmordattentäterinnen bei der Durchführung von Terroranschlägen behandelt (*Komsomolskaja prawda* vom 11. 07. 2003): „Nach Meinung von Wissenschaftlern, die sich mit der Psychologie des Terrorismus befassen, ist eine Frau eine gefährlichere Attentäterin als ein Mann. Sobald es um die Ausführung des Attentats geht – insbesondere unter Opferung des eigenen Lebens – wird ein Mann aufgrund nüchterner Abwägung [...] eher geneigt sein, von der geplanten Tat abzurücken. Eine Frau ändert dagegen nur selten den einmal gefassten Entschluss."

Einfacher gesagt: Ein Mann hängt am Leben und kann daher im entscheidenden Moment zurückschrecken. Eine Frau hingegen ist beeinflussbar, psychisch labil und lässt sich leichter zum Selbstmord überreden.

Diesen Mythos versucht uns der KGB – heute FSB – mit Nachdruck einzureden. Es ist nichts anderes als die altbekannte Propaganda. Der Feind wird als Bösewicht, als Hexer, als Fanatiker dargestellt, damit man ihn langwierig, aufreibend – und erfolglos – bekämpfen kann.

Es gibt immer eine Wahrheit. Man muss sie nur finden. Man darf nicht der Lüge glauben, man muss die Augen öffnen. Versuchen zu verstehen und zu verarbeiten.

Warum sage ich das? Ganz einfach: weil fast keine der Frauen, die sich – ob in Tschetschenien oder in Moskau – in die Luft sprengten, selbst sterben *wollte*.

Nicht *sie* töten. Man tötet *durch sie*.

Der gesamte religiöse Hintergrund, all die Ideale des Dschihad, des heiligen Krieges der Muslime, sind in Tschetschenien völlig auf den Kopf gestellt worden.

Nichts ist davon übrig geblieben außer Schmutz, Erpressung, Entführung, sexuelle Gewalt und Psychopharmaka, unter deren Einfluss man die Frau in den Tod schickt.

Haben Sie in Palästina jemals von einer schwangeren „Schwarzen Witwe" gehört, die man zuvor verprügelt und mit Drogen vollgestopft hätte?

Doch wer soll Ihnen je davon berichten, wie die tschetschenischen Männer ihre Frauen „auf den Weg Allahs" bringen?

Ich habe die Selbstmordattentäterinnen in zwei Gruppen eingeteilt: die „Unglücklichen" und die „Bräute". Ihre Anwerbung, Entführung und Vorbereitung auf das Attentat erfolgt nach zwei unterschiedlichen Szenarien. In jedem Fall jedoch kehrt eine Frau, sobald sie von der Familie isoliert und an einen anderen Ort gebracht worden ist, nicht mehr zurück. Sie hat nur noch einen Weg vor sich: den in den Selbstmord.

DIE „UNGLÜCKLICHE"

Eine 30–40-jährige Witwe oder einfach nur eine unglückliche Frau, die ein schweres Schicksal getroffen hat. Sie ist entweder kinderlos (aus medizinischen oder anderen Gründen) oder hat ihre Kinder im Krieg verloren (ermordet z. B. von Soldaten, Sprengbomben, verirrten – oder nicht verirrten – Geschossen).

Eine solche Frau ist aufgrund ihres schweren seelischen Traumas oder ihres unbefriedigenden Lebens geeignet, jenem Zweig des Islam zugeführt zu werden, der in Tschetschenien gemeinhin Wahhabismus genannt wird.

Die Anwerber werden eine solche Frau auf keinen Fall in Ruhe lassen. Sie werden sie finden, und sobald sie von ihrem Leid „erfahren" haben, werden sie damit beginnen, ihr zu helfen und sie zu beruhigen. Es ist ja leicht, sich das Vertrauen eines Menschen zu erschleichen, der gerade eine schwere seelische Krise erlebt.

Die Frau beruhigt sich also. Man wird ihr Respekt bezeugen, sie „Schwester" nennen, vielleicht findet sie sogar wieder einen Mann. Nun kann eine gewisse Zeit vergehen – ein Jahr oder ein paar Monate –, bis man das Opfer gefügig macht. Man gibt der Frau religiöse Literatur zu lesen und spielt ihr religiöse Lieder vor, in denen für den Dschihad und das Schahidentum geworben wird.

Jemand – wahrscheinlich ihr frisch gebackener Ehemann oder eine gute Freundin – beginnt sich mit der Frau zu unterhalten: über Allah, den Dschihad, das Paradies und ihre getöteten Familienmitglieder.

Beispiele hierfür sind Raiman Kurbanowa, die Schwestern Chadschijewa, Asset Gischlurkajewa, Malischa Mutajewa, Sareta Dolchajewa (alle an der „Nord-Ost"-Geiselnahme beteiligt), Aisa Gasujewa (das Attentat auf den Militärkommandanten von Urus-Martan) und Jacha Ugurtschijewa (die meinen Informationen zufolge derzeit ebenfalls zur Attentäterin ausgebildet wird).

DIE „BRAUT“

Eine junge Frau zwischen 17 und 25, meist aus einer wahhabitischen Familie, in der die Frauen dazu erzogen werden, sich dem Mann zu unterwerfen, oder ein Mädchen, das ohne ihren leiblichen Vater aufgewachsen ist und keinen Bluträcher hat, der für ihre Schande oder ihren Tod Vergeltung üben könnte.

Sie ist sicher eine sympathische und gehorsame Frau, gewohnt, dem Mann zu folgen. Wenn sie aus einer wahhabitischen Familie stammt, so ist sie mit 20 Jahren schon mehrfach inoffiziell „verheiratet“ worden. In der wahhabitischen Gemeinschaft ist es nämlich üblich, sich eine Frau zu teilen, mit der Frau eines Freundes zu schlafen oder ihm die eigene zur „Verfügung“ zu stellen. Diese Unzucht wird mit einer bemerkenswerten Formel bemäntelt: „Alle sind wie Brüder und Schwestern zueinander und sollen untereinander alles teilen.“

Meist weiß der Vater darüber Bescheid, doch was soll er tun – er ist ja Teil derselben Gemeinschaft.

Hat das Mädchen keinen Bluträcher, erleichtert dies die Sache sogar. Man „entführt“ sie, nimmt sie sozusagen zur Frau, dann wird sie missbraucht, manchmal werden sogar Gruppensex-Szenen auf Video aufgenommen – und schon ist das belastende Material fertig. Die mit Schande überhäufte Muslimin hat keinen Ausweg mehr. Ein solcher Fall wurde mir in Alchan-Kala geschildert: Um Arbi Barajew zu erpressen, hatte jemand dessen Schwester „herumgereicht“ und das Ganze auf Video aufgenommen. Barajew führte daraufhin seine Schwester hinaus aufs Feld und erschoss sie.

Mädchen mit einschlägiger „Vergangenheit“ sind von ihren „Brüdern“ vollkommen abhängig. Sie haben keine Chance zu heiraten oder in ihre Familien zurückzukehren – mit ihrer „Schande“ will sie dort keiner haben. Was für eine europäische Frau normal ist – Sex vor der Ehe, wechselnde Geschlechtspartner oder sogar Ehemänner –, ist für eine Muslimin eine schwere Sünde und tödliche Schmach.

Dies war der Fall bei Sarema Inarkajewa, Marina Bisultanowa, Chawa Barajewa, Sulichan Elichadschijewa und Sarema Muschachojewa.

Ich will jedoch nicht alle ausnahmslos „anschwärzen“: Unter den Selbstmordattentäterinnen dieser Altersgruppe gibt es durchaus reine, unverdorbene und gottesfürchtige Mädchen. Diese haben meist im Krieg ihre geliebten Brüder oder sogar Ehemänner verloren. Sie haben ein Rachemotiv, und obwohl sie sich nicht nach dem Tod sehnen, sind sie – sobald man massiv Druck auf sie ausübt – dennoch bereit, in den Märtyrertod zu gehen. Wahrscheinlich kommt dieses Mädchen aus einer Wahhabitenfamilie, sodass ihr eigener Vater in die Verwendung seiner Tochter als „lebende Bombe“ einwilligen kann, insbesondere wenn ihm dafür eine finanzielle Abfindung in Aussicht gestellt wird.

Beispiele für diesen Fall sind Chadtschat Ganijewa, Saira Jupajewa, Sekimat Alijewa.

Phase eins: Anwerbung und Entführung

DIE „UNGLÜCKLICHE“

Das Opfer wird allmählich von der eigenen Familie entfernt. Zu ihrer neuen Familie wird nun das Dschamaat – die wahhabitische Gemeinde, wo alle wie „Brüder und Schwestern“ zueinander sind, und wo der wichtigste Mensch – der so genannte „Vater“ – der Amir des Dschamaats ist.

Die Trennung der Frau von ihrer eigenen Familie ist eine der wichtigsten Voraussetzungen für ihre Erziehung zur „Schwarzen Witwe“. Das Opfer erfährt dabei von der ihm zugedachten Rolle als Letzte.

Die erste und wichtigste Bedingung für die Arbeit an einer „Unglücklichen“ ist also, dass der Kontakt zu ihren Verwandten auf ein Minimum verkürzt und die Frau nach Möglichkeit in das Haus ihres neuen „Mannes“ oder aber einfach in ein anderes Dorf gebracht wird – zu neuen Menschen, die fortan ihre „Familie“ darstellen.

In diesen Fällen erfolgt die Entführung fast immer nach dem gleichen Muster: Das Mädchen bekommt zu Hause Besuch von einer 40–45-jährigen Frau, die ihre Mutter sein könnte. Dass es sich um eine Frau handelt, ist ein wichtiges Detail: Die „Mutter“, geistige Mentorin oder, falls nötig, Freundin, soll sie beruhigen und Stärke an den Tag legen. In wahhabitischen Familien werden die Mädchen dazu erzogen, sich dem Mann zu unterwerfen, denn er ist der Krieger, der Beschützer. Der Frau hingegen ist die Rolle der Freundin, der Verbündeten zugedacht.

Die erwähnte Frau kommt mit dem Auto in Begleitung eines Helfers, der dem „Opfer“ bekannt ist – für den Fall, dass Gewalt angewendet werden muss.

Verhandlungen mit den Eltern spielen hier keine Rolle. Man sagt dem Mädchen: „Was kommst du denn mit Mama und Papa, wenn man dir sagt: Es muss sein!“ Vielleicht erinnert man sie an irgendwelche offenen Rechnungen und motiviert sie damit, dass nun die Zeit gekommen sei, ihren Bruder oder Vater zu rächen und ihr Zuhause zu verlassen. „Du wirst gerufen“, sagt man zu ihr und öffnet die Tür des Wagens.

Das Opfer steigt ein und fährt mit. Denn es hat Angst – vor Bestrafung, Kompromittierung, Erpressung und dergleichen.

Das alles geschieht vor den Augen der Eltern. Diese erhalten bestenfalls 200 Dollar, damit sie schweigen und nicht aufmucken. Sie schweigen jedoch auch ohne Geld. Denn auch sie haben Angst – vor Erpressung, Bestrafung und dergleichen.

Phase zwei: Isolation und Indoktrination

Die „Bräute“ müssen ebenso wie die „Unglücklichen“ von der eigenen Familie getrennt werden. Isolation ist eine der ersten Voraussetzungen für eine erfolgreiche Vorbereitung. Ist das Mädchen nicht in einem der islamischen Zentren Bakus, einer wahhabitischen Untergrundschule in Tschetschenien oder in Inguschetien erzogen worden (was eine lange Indoktrinationsphase unnötig machen würde), so kann sich dies einige Wochen bis maximal ein halbes Jahr hinziehen.

Wohin bringt man die künftigen Attentäterinnen? Der russische FSB wird nicht müde zu wiederholen, dass es gewisse „Basen" und „Ausbildungslager für Selbstmordattentäterinnen" gibt.

Bei meiner ersten Reise nach Tschetschenien versuchte ich herauszufinden, wo sich denn diese unheilvolle „Basis" befand. Oder gab es mehrere?

Der FSB-Mann druckste zunächst herum und sagte schließlich, dass es „mehrere Basen gibt und sie sich alle im gebirgigen Teil Tschetscheniens befinden".

Heute frage ich niemanden mehr, was dies für Basen sind und in welchem Teil des Gebirges sie liegen.

Die an der „Nord-Ost"-Geiselnahme beteiligten Selbstmordattentäterinnen waren gepflegt und frisch manikürt. Dass man ihnen diese Maniküre in einem „Attentäterlager" verpasst hat, erscheint sehr zweifelhaft.

Aisa Gasujewa hat Urus-Martan nie verlassen und saß in keinem Gebirge herum, bevor sie den Militärkommandanten mit in den Tod riss.

Auch Chawa Barajewa – Tschetscheniens erste Kamikaze-Frau – hat Alchan-Kala so gut wie nie verlassen. Der einzige Ort, an dem sie gewesen sein kann, ist Baku mit seinen vielen islamischen Instituten und Lehranstalten. Es ist kein Geheimnis, dass die zukünftigen Schahiden dort gedrillt werden und ihnen dort radikales Gedankengut vermittelt wird. Und das völlig legal, vor den Augen aller, in Einrichtungen, deren Namen durchaus ehrenwert sind.

Ich halte es für ausgeschlossen, dass die Geheimdienste davon nichts wissen. Gibt es also in Wirklichkeit gar keine Basen, Lager und Trainingszentren?

Doch. Natürlich gibt es sie. Die Frauen müssen auf den Selbstmord vorbereitet, mit religiösen Ideen und Idealen vollgestopft, vom weltlichen Leben abgeschnitten und auf eine bestimmte Art „eingestellt" werden.

Was braucht man dafür? Nur sehr wenig. Isolation, Stille, Koranlektüre und eine bestimmte Musik.

Braucht man dafür ein Bergcamp? Ein eigenes Lager?

Nein. Noch einmal: Isolation, Musik und Gebete. Mehr nicht.

Diese „Basen" existieren. Sie sehen allerdings aus wie einfache Wohnhäuser – denn es handelt sich auch um solche. In diesen Häusern leben jeweils mehrere Frauen, die auf ihren Tod vorbereitet werden, samt ihren Betreuern. Von außen macht alles einen völlig gewöhnlichen Eindruck, es ist nichts Dämonisches dabei.

Ein gewöhnliches Haus auf dem Lande, gewöhnliche Vorhänge hinter den Fenstern, gewöhnliche Fußmatten – alles ganz gewöhnlich.

Sicher, diese Häuser befinden sich in nicht gerade gewöhnlichen Dörfern – nicht einmal die Sondereinheiten des Innenministeriums riskieren es, ohne Verstärkung dort hindurchzufahren. Am Eingang zu einem solchen Dorf steht immer irgendein Junge, der, sobald er ein unbekanntes Auto erblickt, sofort dessen Erkennungszeichen per Funk weitergibt. Im Dorf hängt sich einem gleich jemand an die Fersen, oder das Fahrzeug wird umzingelt, und sobald man sich verdächtig verhält, wird möglicherweise von verschiedenen Seiten das Feuer auf einen eröffnet.

Die Namen dieser Dörfer kann Ihnen jeder FSB-Mitarbeiter nennen, mehr noch: jeder Einwohner Tschetscheniens. Man kennt diese Dörfer. Zwangsläufig.

Die Frauen werden also an einen dieser Orte gebracht. Für gewöhnlich wohnen sie zu zweit oder zu dritt. Die Attentäterinnen und ihre weiblichen Betreuer in ihrer Rolle als „Freundinnen". Natürlich sind auch Männer zugegen: neue „Ehemänner", Freunde von getöteten Verwandten, ein Ausbilder für „Propagandaarbeit". Eine Flucht ist unmöglich. Das Opfer wird Tag und Nacht bewacht. Es befindet sich ständig unter dem wachsamen Auge seiner Betreuerin und des Ausbilders.

Befindet sich eine Frau einmal in der Hand dieser Menschen, kann man sich von ihr verabschieden. Sie wird nicht wieder zurückkehren.

Wie verlaufen die Tage in dieser Gefangenschaft?

Fast rund um die Uhr spricht jemand mit der zukünftigen Schahidin, man erwähnt die Getöteten (sofern es in ihrer Familie welche gibt) und schürt so bei dem Opfer Emotionen. Hat die Frau keine Verwandten zu betrauern und somit auch keine eindeutigen Motive, spricht man mit ihr über den heiligen Krieg, das Paradies, die ewige Ruhe und die Schuld.

Oft liest man den Frauen laut aus dem Koran oder radikalen wahhabitischen Werken vor, man zitiert und wiederholt einzelne Passagen. Fünfmal am Tag betet die Attentäterin – dafür sorgen die Betreuerinnen, die gemeinsam mit ihr beten und sie durch ihr Beispiel ermutigen.

Außer dem Koran, der in arabischer Sprache sogar vom Band ertönt, hören die zukünftigen Schahidinnen in jedem Fall den berühmtesten „Inspirator und Ideologen des Schahidentums" in Tschetschenien, den Sänger Timur Muzarajew.

Dieser Kämpfer aus der Abteilung von Doku Umarow hat eine sehr außergewöhnliche, harte und heisere Stimme und singt stark emotional aufgeladene Stücke.

All seine Lieder handeln vom Paradies, von Freunden, die für immer fort sind, davon, dass sie nicht gestorben sind, sondern sich nur in paradiesische Gefilde begeben haben. Von Paradiesvögeln und wunderschönen Huris, die die Gerechten im Paradies erwarten. Davon, wie hart und mühsam es ist zu kämpfen. Wie bitter es ist, Brüder und Schwestern zu Grabe zu tragen. Davon, dass der „Adler des Krieges über uns kreist". Von Schmerz, Schuld und Erinnerung.

Als ich, die ich von Dschihad und Islam meilenweit entfernt bin, dieses Lied zum ersten Mal hörte, erstarrte ich. Irgendetwas regte sich in mir. Etwas geriet in Bewegung. Ich habe keine Brüder im Krieg verloren. Aber wie wir alle habe auch ich meine eigenen Tragödien im Leben gehabt.

Das Begräbnis des Großvaters. Das Begräbnis eines Freundes.

„Des Lichtes kleinste Teile funkeln prächtig,
Das Dunkel ist nur widrig anzusehen,
Auf einmal – eine Stimme, schwer und mächtig:
Der Allerhöchste lässt uns auferstehen.

Um einem jeden Seines zu vergelten,
Den Sündern Höllenqualen zu bereiten,
Mit Teufeln werden sie im Feuer lodern,
Die anderen spüren Edens festen Boden.

Zum neuen Tode wird ein jeder streben,
Der auf dem Weg des Dschihad umgekommen.
Schahiden stehen in der Propheten Glied,
Die Ewigkeit ist ihnen unbenommen.
Denn sie verlassen nicht die edlen Reihen
Der Gotteskrieger, und dem Kampfe weihen
Sie ihre Freunde, es klingt das heilige Lied.

Fort sind sie, fort gegangen – in andere, ewige Weiten,
Und jenseits dieser Welt sind sie für immer heilig,
Sie finden ihre Ruhe dort, wo Edens Vögel singen,
Doch wenn ich an sie denke, Sehnsucht und Schmerz erklingen …

Vergessen werde ich das nie,
Den Aufruhr, Chaos ohne Ende,
Heut bleibt mir rastloses Gedenken
All jener Freunde, fort sind sie,

Die Reihe der gefallenen Helden,
Die Galerie der Grabessteine,
Doch das Gedächtnis wird sie halten,
Gesichter, jung geblieben, meine.

Doch da: Per Funk kommt ein Befehl.
Der Äther schweigt – die Antwort fehlt,
Sein Schicksal fand ein Ende schnell,
Er ist nicht mehr auf dieser Welt …

Vor Schmerz, da er mit einem Mal
Lebendig brannte, rief er aus:
„O, gnadenvoller Herr, Allah!
Nimm mich in Deinen Garten auf!“

Doch da: Per Funk kommt ein Befehl.
Der Äther schweigt – die Antwort fehlt,
Sein Schicksal fand ein Ende schnell,
Er ist nicht mehr auf dieser Welt …

Fort sind sie, fort gegangen – in andere, ewige Weiten,
Und jenseits dieser Welt sind sie für immer heilig,
Sie finden ihre Ruhe dort, wo Edens Vögel singen,
Doch wenn ich an sie denke, Sehnsucht und Schmerz erklingen …

Wenn wir dem Herrn die Treue halten,
Durchschreiten wir des Lebens Weg.
Und wer dem Tod entgegengeht,
Ist auf dem Weg zu besseren Welten …

Das Herz durchschoss
Durch all das Donnern der Geschütze
Ein Ruf, den Brüdern Mut zu schenken:
„Allah ist einzig, Er ist groß!"

In unsere Augen zielt der Krieg,
Und mancher Amir starb im Kampf,
Doch im Gedächtnis übrig blieben
Die Namen, aus dem Funk bekannt:

‚Mudschait, Kibart, Khalifat,
Bars, Janitschar, Marat und Sokol',
Sie schweigen nun, vorbei die Tat,
Die Erdenfrist ist abgebrochen.

Fort sind sie, fort gegangen – in andere, ewige Weiten,
Und jenseits dieser Welt sind sie für immer heilig,
Sie finden ihre Ruhe dort, wo Edens Vögel singen,
Doch wenn ich an sie denke, Sehnsucht und Schmerz erklingen …

Und wenn wir sie zu Grabe tragen,
Vergessen wir die Brüder nie,
Und wieder sind es Gräber, die
Aus Asche und aus Feuer ragen.

Unendlich vieler Jahre Trauer:
Einer im Gotteshaus verbrannte,
Ein anderer fiel im Feindesfeuer,
Ein Dritter in die Kugel rannte.

Die Seel' befreit vom Erdenschmutz,
Zwei Brüder fort aus unserer Mitte,
Nie mehr wird Aschab nun um Schutz
Per Funk den Kämpfer Sakat bitten.

Auch Afghan scherzt nun nimmer mehr,
Und Jaguar ist aus dieser Welt,
Aslan ging lächelnd vor uns her,
Von ewigem Licht erleuchtet hell.

Fort sind sie, fort gegangen – in andere, ewige Weiten,
Und jenseits dieser Welt sind sie für immer heilig,
Sie finden ihre Ruhe dort, wo Edens Vögel singen,
Doch wenn ich an sie denke, Sehnsucht und Schmerz erklingen ..."

Auch ich erinnerte mich. An die Gesichter derer, die mir teuer waren und die ich niemals wiedersehen würde. Als meine Freunde sich die Lieder auf der Kassette anhörten, die ich aus Tschetschenien mitgebracht hatte, wurden auch sie trübsinnig und nachdenklich. Ich begriff, welche Kraft von ihnen ausging: In jedem von uns lebt, unter einer Schicht aus Zynismus, uralten Verletzungen und Triumphen, ein kleines, naives Kind. Das daran glauben möchte, dass wir nach dem Tod nicht sterben werden. Dass unsere Verwandten und Freunde im Himmel weiterleben. Und dass wir sie dort wiedersehen werden. Ganz bestimmt.

Etwa nicht?

Die Kraft dieser anspruchslosen Verse ist wahrlich groß. Unterstützt von der Gitarrenbegleitung, erhalten diese Lieder einen ganz anderen Klang – mächtig wie ein rauschender Wasserfall.

Dabei sollte man sich dessen bewusst sein, dass die Namen und Funksprüche, die unter anderem auch in diesem Lied erklingen, nicht erfunden sind.

Jede tschetschenische Frau hat ihren eigenen Rachegrund. Jede von ihnen hat in den letzten Jahren jemanden aus ihrer Familie begraben. Bei den Schwestern Chadschijewa ist es ihr Bruder, der bei einer Säuberungsaktion verschleppt wurde und seither spurlos verschwunden ist. Die Schauspielerinnen Sara und Saira

Jupajewa haben ihre Brüder verloren, die zu den Rebellen gehörten. Asset begrub ihren Ehemann. Raiman, die keine Kinder hatte, litt ihr ganzes Leben lang für andere …

Vielleicht hat jede dieser Frauen in diesem Lied etwas anderes, Eigenes vernommen. Einen vertrauten Namen. Einen schmerzhaft bekannten Funkspruch.

Die Lieder, mit denen diese Frauen zu Schahidinnen erzogen werden – und ich weiß aus erster Hand, dass es Muzarajews Lieder sind, die bei dieser Indoktrination eingesetzt werden – wecken in uns jenes kleine Kind.

Sie betäuben die Vernunft. Sie unterdrücken den freien Willen. Sie wecken Gefühle, Verletzungen, Emotionen.

Auch die Frauen, die für die „Nord-Ost"-Geiselnahme ausgebildet wurden, hörten Muzarajew in den erwähnten „Vorbereitungsbasen". (Davon, wo diese sich befinden, wird später die Rede sein.)

Auch in der letzten Nacht vor dem Sturm lauschten sie dort erneut diesen Liedern – im besetzten Dubrowka-Theater, sich ihres nahen Endes bewusst. Sie warteten auf die russischen Sonderkommandos. Auf den Tod. Sie hatten Angst und sehnten sich nach beruhigenden Worten. Und sie fanden sie – in Muzarajews Liedern.

„Dieser Tempel wird fallen, das Böse muss weichen,
Die Sonnenscheibe wird den Horizont erreichen,
Und die Himmel versprühen plötzlich Feuer,
Und der Tempel wird von Isaak erleuchtet.

Lauter Asche, Feuermeere,
In den Tempel ziehen deine Heere,
Nun erhöre, Gott, ihr Beten,
Lass die Seelen ewig leben …

O, Allah, lass uns erkennen, was ist wahr,
In dieser schweren Stunde gibt uns Kraft,
In dieser Welt ist Satan voller Macht,
Nur der Dschihad macht unser Leben klar.

Vor uns liegt des Kampfes Schrecken,
Vor uns sind des Feindes Recken,
Und die Welt wird lang im Feuer stehen,
O, Allah, wird ein jeder zu dir flehen."

Sie brauchten diese Lieder. Wie eine Droge betäubten diese Lieder ihre Angst und wirkten beruhigend. Sie lieferten Antworten auf die Frage: „Wofür werden wir bald sterben?"

Sie suggerierten ihnen, dass mit dem Tod nichts vorbei ist, sondern alles erst beginnt.

Das Paradies. Das Land, darin Milch und Honig fließt.

Doch mit dem Hören von Liedern, die das Schahidentum propagieren, mit Isolation und Koranlektüre allein ist die Vorbereitung noch nicht beendet.

Ständig redet man den zukünftigen „lebenden Bomben" ein, dass sich die Lage nur verschlechtert, dass der Krieg eskaliert, dass es mit jedem Tag schlechter und schlechter wird. Was natürlich leichter fällt, wenn die betreffende Person von der Außenwelt isoliert ist und über die wahre Lage der Dinge nichts weiß.

Man verkündet ihnen ihre „Mission": den Krieg zu stoppen. Sich selbst als Opfer darzubringen. Für die Getöteten sowie für die, die mit Sicherheit noch getötet werden: Mutter, Vater, Brüder, Schwestern und Kinder. Um ihretwillen muss sich die Frau auf den „Weg des Dschihad" begeben.

Wenn sich nach einer gewissen Zeit die „nötigen" Veränderungen im Bewusstsein der Frau nicht vollziehen, und sie den Gedanken des Selbstmordanschlags kategorisch ablehnt, kommt es zum Einsatz „schmutziger Technologien". Die „Ausbilder" beginnen Psychopharmaka zu verwenden, die die Willenskraft betäuben und den Menschen zur Marionette machen.

Dies ist einer der schmutzigsten und furchtbarsten Momente bei der Vorbereitung der „Bräute Allahs". Drogen und Stimulatoren dienen dazu, die Frauen auf die „Hochzeit" einzustimmen.

Beispiele gibt es mehr als genug, etwa Chawa Barajewa, Sarema Inarkajewa. Auch die „Nord-Ost"-Geiselnahme hätte ohne derartige „Hilfsmittel" sicher nicht durchgeführt werden können. Anastassija Karpenko, Doktorin der Psychologie, Professorin und Mitglied der Russischen Akademie der Medizinischen Wissenschaften, behauptet im Nachwort zu den Erinnerungen einer „Nord-Ost"-Geisel, dass die Schahidinnen während der drei Tage andauernden Besetzung des Theaters praktisch nicht schliefen, was „nur möglich [sei], wenn man hochwirksame, teure Psychostimulatoren einnimmt, wie sie sich etwa im Arsenal der Geheimdienste befinden".

Laut Information der russischen Geheimdienste werden fast alle Selbstmordattentäterinnen mit Drogen vollgepumpt.

– Sarema Inarkajewa stand unter dem Einfluss von Drogen und Psychopharmaka, als ihre Bombe im Staropromyslowski-Polizeirevier in Grosny fehlzündete.

– Mareta Dudujewa, die den Lkw gegen den russischen Militärposten lenkte, jedoch unter Beschuss geriet und überlebte, befand sich, so Quellen aus dem Innenministerium der Republik, unter dem Einfluss von Psychopharmaka.

– Die unbekannte Attentäterin, die den Bus mit den Militärs in Mosdok in die Luft sprengte, hatte Psychopharmaka verabreicht bekommen. Zu diesem Schluss kam die Militärstaatsanwaltschaft des Nordkaukasischen Militärbezirks nach Einsichtnahme in das medizinische Gutachten, das aufgrund einer Autopsie von Fragmenten des Gehirns der Terroristin erstellt wurde.

– Eine Attentäterin, die sich Luisa Osmajewa nannte, war im Juni 2003 bei dem Versuch, einen russischen Militärposten in die Luft zu sprengen, von Milizionären beschossen worden. Sie überlebte nur noch einen Tag und starb an „starker Erschöpfung des Organismus aufgrund regelmäßiger Schläge und der Einnahme psychotroper Präparate". Als man sie in den Tod schickte, war sie im vierten Monat schwanger.

– Auch die beiden Terroristinnen, die sich während des Rock-Festivals in Tuschino in die Luft sprengten, standen unter dem Einfluss von Psychopharmaka, wie die Autopsie ihrer Überreste ergab.

– Den letzten, misslungenen Terroranschlag in der Twerskaja-Jamskaja-Straße in Moskau verübte schließlich eine 22-jährige

Tschetschenin, „in deren Blut nach vorläufigen offiziellen Angaben Psychopharmaka festgestellt wurden". In der Folge wird diese Behauptung jedoch zurückgenommen: Sarema hatte nichts Stärkeres zu sich genommen als eben jene Baldriantropfen.

Ich bin jedoch mit dem FSB nicht einer Meinung. Ich glaube, dass diese Methode nicht die entscheidende Rolle spielt. Wichtiger ist der Wunsch oder die Bereitschaft zu sterben. Stimulatoren können nur dann eingesetzt werden, wenn das Opfer ein wenig ins Schwanken gerät und man es beruhigen muss.

Niemand wird eine Frau, die nicht zu sterben bereit ist, mit Drogen voll pumpen. Es gibt fast keine „zufälligen" Selbstmordattentäterinnen. Fast.

Phase drei: Der Abschluss

Drogen und Psychopharmaka sind jedoch nicht die einzigen „schmutzigen Technologien". Sobald die Stunde null naht und die Attentäterin – allein oder mit einem Begleiter – zum Ort des Anschlags gebracht werden soll, beginnt der unangenehmste Teil. Der Frau wird der Gürtel mit dem Sprengsatz umgehängt. Ein „Schahidengürtel" lässt sich nicht so leicht ablegen, der Begleiter, der in der Nähe bleibt und das Opfer aufmerksam beobachtet, wird diese Versuche bemerken und den Sprengsatz per Funksignal zur Detonation bringen.

Aus diesem Grund kommen seit dem misslungenen Anschlag von Sarema Inarkajewa kaum noch Taschen zum Einsatz. Das Opfer könnte sie mit einer schnellen Bewegung abstellen und noch im selben Augenblick zur Seite springen. Wodurch der Plan vereitelt würde. Wie im Juli 2003 geschehen, als eine andere Sarema – Muschachojewa – sich der Miliz stellte und ihre Tasche einem Milizionär in die Hand drückte.

Bedenken Sie: Was wir als „lebende Bombe" bezeichnen, ist zunächst einmal eine Frau. Eine junge Frau. Die sicherlich keine große Lust auf den Tod hat, darauf können Sie wetten.

Wenn sie zum Ort des Terroranschlags gebracht wird, denkt

sie sicherlich dasselbe, was mir Sarema Inarkajewa – die wie durch ein Wunder überlebte – berichtete:

Jetzt! Jetzt gleich! Werde ich den Schmerz noch spüren oder nicht? Und was wird von mir übrig bleiben? Und wer wird mich beerdigen? Oder wird man mich als Mörderin überhaupt nicht beerdigen? Wie schrecklich! Während ich noch überlegte, explodierte die Tasche bereits. Schamil hatte vom Auto aus den Sprengstoff gezündet.

Das waren Saremas Worte.

Sie können ihr glauben – sie lügt nicht. Warum sollte sie?

Ich habe mich eingehend mit den letzten Minuten im Leben der Kamikaze-Frauen beschäftigt. (Das „Nord-Ost"-Geiseldrama – der bis dato größte Angriff der Schahidinnen – endete bekanntlich damit, dass *keine einzige* der Frauen ihren Sprengsatz zündete. Wer also partout nicht glauben möchte, dass ihre Sprengstoffgürtel nur Attrappen waren, mag sich mit dem Gedanken trösten, dass offenbar keine der Attentäterinnen bereit war, sich selbst umzubringen.)

Nur die allerersten Fälle von Selbstsprengung lassen sich mit Fug und Recht als solche bezeichnen. Was will ich damit sagen? Dass in den restlichen Fällen so gut wie nie die Frauen selbst ihren Sprengsatz zündeten. Sobald die Schahidin in die Menge eintauchte, wurde sie ständig von einigen ihrer Begleiter dabei beobachtet.

Nur ein unsicherer Schritt, der auf einen Fluchtversuch oder Hemmungen hindeuten könnte, und einer der Begleiter würde den Sprengsatz per Fernbedienung zur Zündung bringen.

Sarema Muschachojewa, die einzige „gescheiterte" Selbstmordattentäterin, sagte vor Gericht aus: „Ich hatte Angst die Tasche abzustellen oder stehen zu bleiben, denn ich wusste, dass derjenige, der mich hergebracht hatte, wohl kaum weggefahren war und mich zurückgelassen hatte. Und hätten sie gemerkt, dass ich es mir anders überlegt hatte, sie hätten mich in die Luft gesprengt. Deshalb zögerte ich es ständig hinaus."

Die Begleitperson ist fast immer ein Mann, fähig, „nüchtern abzuwägen", wie es in dem FSB-Bericht heißt. Er kontrolliert die

Situation, und sobald ein Störfaktor auftritt, der die Aktion gefährden könnte, wählt er die entscheidende Tastenkombination und schickt die Frau zu Allah. Zur „Hochzeit".

Diese Tatsache wird von den Geheimdiensten sorgsam verschwiegen. Fatalerweise. Denn wie sich herausstellt, sind die Schahidinnen keine Mörderinnen, sondern selbst Opfer von Mördern.

Nicht *sie* sprengen sich in die Luft, sondern sie *werden* in die Luft gesprengt.

Sie werden entführt, indoktriniert, mit dem Sprengsatz behängt, zum Ort des Geschehens gebracht, in die Menge geschickt, und dann, während die arme Frau durch die Menge hetzt, auf der Suche nach Rettung, wählt derjenige, der sie hierher gebracht hat, eine Nummer, und die Frau zerreißt es in Stücke.

Sie werden fragen: Was für eine „Nummer", was für eine Kombination?

Hier meine Erklärung: Fast jeder Junge in Tschetschenien weiß, wie eine Sprengladung funktioniert und wie man sie zusammenbaut. In diese Sprengladung wird ein ferngesteuerter Zünder montiert, der von einem ganz gewöhnlichen Mobiltelefon aus aktiviert werden kann. Zu diesem Zweck wird das Telefon manipuliert: Man baut bestimmte Elemente aus und dafür andere ein. Dann befestigt man den Zünder und wählt aus der Ferne die einprogrammierte Tastenkombination, mit der man die Detonation auslöst.

Diese Kunst haben Hunderte – wenn nicht gar Tausende – tschetschenischer Jugendliche in Chattabs Lagern beigebracht bekommen. Den Jungen zeigte man dort, wie man Sprengladungen herstellt und russische Militärs in die Luft jagt.

Die Zeiten haben sich geändert. Heute jagen die älter gewordenen tschetschenischen Burschen nicht mehr russische Soldaten in die Luft, sondern tschetschenische Frauen.

Teil 5
Wer wird die Nächste sein?

Gerade deshalb läuft die Suche nach geeigneten „lebenden Bomben“ in Tschetschenien derzeit auf Hochtouren. Wer kommt dabei für die Anwerber in erster Linie in Betracht?

Junge Frauen aus Familien, in denen die Klanbeziehungen nicht mehr funktionieren oder der Vater fehlt; junge Schwestern oder Witwen von Rebellen; Frauen aus sehr religiösen oder wahhabitischen Familien. Frauen, in deren Familien sich in jüngster Zeit eine Tragödie ereignet hat; die schwer am Tod ihrer Nächsten tragen; deren Verzweiflung und Niedergeschlagenheit ein kritisches Maß erreicht haben.

Vor allem solche Frauen, die niemanden haben, der sie beschützt.

JACHA UGURTSCHIJEWA
„Als ich meine Söhne so sah, wollte ich sterben.“

Zugegeben: Jacha ist nicht gerade ein Engel. Während des Krieges handelte sie in Grosny mit Waffen. Über sie konnte man illegal ein Maschinengewehr, eine Granate oder besagten Sprengstoff kaufen.

Jacha hatte ihren Mann verloren, und irgendwie musste sie ja ihre sechs Söhne ernähren. Ihre Kinder traten dann in ihre Fußstapfen. Wie abgerissene, schmutzige und hungrige Wolfsjunge lebten sie auf der Straße, Raub und Randale waren ihr tägliches Geschäft.

Das Unheil kam aus der Ecke, aus der es zu erwarten war. Einem ihrer Söhne – dem 12-jährigen Albert – bot einer der Rebellen 100 Dollar, wenn er dafür zwei tschetschenische Abschnittsbevollmächtigte in ihrem Streifenwagen erschießen würde.

Ein Wolfsjunge, ich sagte es bereits: Er nahm das Geld, ging hin und schoss. Treffsicher. Genau in die Stirn.

Mit diesen Schüssen begann der Countdown für Jachas langsamen Tod, den Tod ihrer Kinder und das Ende ihrer Zukunft.

Am 12. März 2002 traten die Ugurtschijew-Jungs aus ihrem Haus in der Djakowa-Straße 16. Dort warteten bereits Menschen in schwarzen Masken auf sie. Man fesselte sie und setzte die Jüngsten – den 14-jährigen Abdul, den 13-jährigen Timur sowie Albert – in ein Auto mit getönten Fensterscheiben. Die Männer sprachen sowohl Russisch als auch Tschetschenisch.

Am 26. März wurden die drei im Scholkowski-Rayon aufgefunden: Ein Schäfer hatte beobachtet, wie Leichensäcke aus einem Hubschrauber geworfen worden waren. In diesen Säcken befanden sich Jachas Söhne. Oder besser: das, was von ihnen übrig war.

Man hatte sie aufgeschlitzt und ihnen die Bauchhöhle ausgeräumt. Dicke Nähte reichten vom Unterbauch bis zum Hals.

Der Anblick war unerträglich. Mit Verbrennungen und blauen Flecken übersät, die Nasen gebrochen, ihre Körper zugenäht – drei der Ugurtschijew-Söhne.

Meinetwegen: das Gesetz der Rache. Es herrscht Krieg, wir sind in Tschetschenien. Das kann ich noch einigermaßen nachvollziehen. Auch dass ein junger und hungriger Wolf in seiner Wut auf die Uniformierten in jemandes Auftrag zur Waffe greift.

Bestraft sie. Sperrt sie ein. Handelt wie Erwachsene, verdammt noch mal.

Doch wozu ihnen die Eingeweide herausnehmen? Die Leber? Die Milz? Die Herzen der drei Buben – wo sind sie?

Was habt ihr damit gemacht?

Warum sind diese Burschen ausgeweidet worden?! Warum hat man sie mit chirurgischer Sorgfalt wieder zugenäht?!

Wer steckt hinter dieser furchtbaren Provokation? Wer hat diese drei Kinder wieder zurückgebracht und abgeworfen, wohl wissend, dass kein Tschetschene, der *das* gesehen hat, jemals verzeihen, geschweige denn vergessen wird?

Als Jacha Ugurtschijewa ihre Söhne in diesem Zustand erblickte, ergraute sie. Ist eine Mutter überhaupt imstande, so etwas zu ertragen?

Die verbliebenen drei Ugurtschijew-Brüder fand ich in einem Flüchtlingslager in Inguschetien. Nach dem Tod ihrer jüngeren Brüder hatten sie einen Monat lang auf dem Friedhof gelebt und dann eine Zuflucht gefunden – bei Aslan Maschadows Leuten.

Diese stellten ihnen ein schäbiges Kämmerchen zur Verfügung und schützten sie vor dem Innenministerium und den Militärs. Maschadows Menschenrechtler halten sie als lebendigen Beweis dafür, wie grausam die russischen Streitkräfte vorgehen: Sie zeigen Journalisten Spuren von Folterungen an ihren Körpern.

Der älteste Bruder, Adam, saß mir im September 2002 gegenüber – halb tot, halb lebendig. Ein Mensch ohne Zukunft.

„Ich weiß nicht, wozu ich lebe, denn mein Leben hat weder Sinn noch Hoffnung. Nur eines ist mir geblieben: Rache. Ich weiß, wer meine Brüder an die Russen ausgeliefert hat. Er heißt Abu-Bakar und arbeitet im Leninski-Polizeirevier. Er wollte Vergeltung üben und hat deshalb meine Brüder an die Russen verraten. Die haben damals nicht gleich kapiert, wer wer ist, und deshalb gleich alle drei mitgenommen. Sie waren ja alle nur ein Jahr auseinander. Ich lebe nur noch, um diesen Abu-Bakar zu finden und zu töten. Meine Mutter? Sie ist am selben Tag gestorben, als sie meine ausgeweideten Brüder gesehen hat. Sie hat ihre Gesichter gestreichelt und immer wieder gesagt: ‚Wofür das?' Wir haben nichts mehr: weder Haus noch Familie, noch Mutter, noch Brüder. Wir leben nur noch, um zu sterben."

Als Adam von der Rache sprach, blitzten seine Augen kurz auf, um dann sogleich wieder zu erlöschen.

Als ich die Fotos der ausgeweideten und vernähten Jungen sah, begriff ich, worauf man gefasst sein musste.

„Wo ist ihre Mutter? Wo ist Jacha?"

„Sie ist in Dagestan", antworteten mir jene Leute, bei denen die älteren Brüder untergekommen waren.

„Und was macht sie dort?"

Zunächst drucksten sie herum, dann:

„Na ja, nach all dem muss sie erst einmal wieder zu sich kommen."

Später erfuhr ich, dass Jacha Ugurtschijewa, eine Frau von vielleicht 45–50 Jahren, die Ermordung ihrer Söhne nicht verkraftet hatte. Sie war schlagartig ergraut. Einige Monate später magerte sie ab und wurde gelb. „Man hat bei ihr Krebs festgestellt", teilte mir jemand mit. Dann verschwand Jacha. Es waren Leute aus dem Dschamaat, die sie aus Tschetschenien fortbrachten. Entweder nach Baku oder nach Dagestan.

Ich musste sofort an Aisa Gasujewa denken. „Sobald sie erfahren hatten, auf welche Weise ihr Mann gestorben war, stürzten sich die Leute aus dem Dschamaat wie Geier auf sie." Diese Leute streifen durch Tschetschenien auf der Suche nach solchen wie Jacha. Dass sie dabei ihre Söhne aufnehmen, ihr die Ausreise an einen ruhigen Ort ermöglichen und Fotos ihrer ausgeweideten Kinder bei einer Menschenrechtskonferenz im Ausland zeigen, geschieht natürlich nicht aus Gefälligkeit.

Ich frage mich: Wo ist Jacha, die nun wirklich nichts mehr zu verlieren hat, jetzt? Worauf wird sie vorbereitet? Und wann kommt sie zu uns – um uns an ihre Söhne zu erinnern?

CHEJDI ISRAILOWA

„Mein Herz verbrannte gemeinsam mit dem Körper meiner Tochter."

So war es tatsächlich. Sila – Chejdis älteste Tochter – war sofort tot. Sie starb im nächtlichen Feuer.

Das Geschoss eines Schützenpanzers hatte das Haus in Brand gesteckt. In dem Panzer hatten Soldaten gesessen. Sie hatten getrunken und Lust auf ein paar Schießübungen bekommen. Sie feuerten – und trafen das Haus, in dem Chejdis Töchter schliefen.

„Sila – sie war 24 – starb ohne Schmerzen. Ihre kleinen Kinder auch. Aber Chawa nicht. Sie brannte wie eine Fackel. Man löschte sie. Und nun hält man sie schon vier Monate … am Leben? Oder ist sie schon gestorben? Ich weiß es nicht … Bei Chawa sind 32 Prozent der Atemwege verbrannt, haben uns die Ärzte gesagt. Sie haben sie entlassen – sie sagen, es sei besser, zu Hause zu sterben. Aber Chawa quält sich und lebt weiter. Noch immer. Wir füttern sie durch ein Röhrchen. Tröpfchenweise.

Sehen Sie, was aus ihr geworden ist.“ Chejdi hebt die Bettdecke ein wenig an.

Ein Mädchen mit verbrannter Haut, überzogen von rosafarbenem Schorf. Sie ist in diesen Monaten zu einem von Hautfetzen umspannten Skelett abgemagert. Sie trägt ein leichtes Baumwollhemd, keinen Slip. Chawa schämt sich, sie wendet die Augen ab und weint fast.

„Ich ziehe die Kinder alleine groß, meinen Mann haben sie schon vor ein paar Jahren umgebracht. Es ist schwer, den Tod zu sehen. Schwer, den eigenen Mann, die eigenen Kinder zu begraben“, weint Chejdi in der Stille, die nach Medikamenten riecht. „Aber die Russen an und für sich hasse ich nicht. Soldaten allerdings, besonders wenn sie betrunken sind – vor denen fürchte ich mich, und ich hasse sie. Meinen Kindern sage ich dasselbe: Wenn dich ein bestimmter Mensch verletzt hat, darfst du nicht gleich alle Menschen auf einmal hassen. Aber sie hören nicht besonders auf mich. Ich habe Angst um sie – sie werden größer, sehen Chawa und wollen sie rächen. Sie fragen mich: ‚Wofür, Mama? Was hat sie ihnen getan? Mama, Chawa war so schön, und jetzt sieht sie aus wie ein Skelett und wird bald sterben!‘

Was soll ich ihnen antworten? Außerdem werden die Wahhabiten bei uns in Mesker-Jurt immer aggressiver. Wenn jemand wütend und verletzt ist, holen sie ihn zu sich. Letztes Jahr haben russische Soldaten Männer aus unserem Dorf geholt, sie in eine Grube am Dorfrand getrieben und bei lebendigem Leibe angezündet. Alle haben es gesehen. Und vor lauter Hass sind nun alle zu allem bereit. Meine Kinder – um die hab ich Angst. Angst, dass jemand kommt und sie ruft, und dass sie ihm folgen – um für Sila und Chawa Vergeltung zu üben.“

Schon seit vier Monaten befindet sich die 15-jährige Chawa irgendwo zwischen dieser und jener Welt. Eine Knospe, die nicht erblühen durfte. In dem Haus, in dem noch fünf weitere Geschwister leben, hängt der feuchte Veilchenduft des Todes. Noch immer wartet Chawa darauf, dass „die Frau im weißen Gewand“ kommt, um sie abzuholen.

Ich habe ein Foto vor dem Haus der Israilows gemacht. Chawa lag hinter einem dieser Fenster. Der Regen weinte – der

Herbst begann. Am liebsten hätte ich auch losgeheult. Durch das Objektiv meiner Kamera blickten mich Chawas Brüder und ihr kleines Schwesterchen an. Und in Chejdis Augen lagen Schmerz, Hoffnungslosigkeit, Verzweiflung, ein stummer Schrei – das Leid aller Frauen Tschetscheniens schien in ihren Augen zu liegen.

LUISA ATABAJEWA
„Ohne meinen Mann bin ich niemand."

Ein Bericht über die Ereignisse des Frühjahrs 2002 im Dorf Mesker-Jurt, die ihr Leben zerstörten. Nicht groß, dunkelhaarig, mit traurigen schwarzen Augen. Ein Jahr zuvor hatte sie geheiratet, hatte also erst wenige Monate mit ihrem geliebten Ehemann zusammengelebt. Dann kam der Frühling. Der blühende Mai des Jahres 2002.

„In unserem Dorf wurde eine Säuberungsaktion durchgeführt", erzählt sie, während wir in ihrem Vorgarten unter schwarzen Weinreben sitzen. „Sie kamen auch zu uns. Der Form halber klopften sie an, doch dann brachen sie in das Haus ein. Unsere Jungs – meinen Suleiman und seinen Bruder Sulumbek – führten sie auf den Hof, wo bereits der Schützenpanzer wartete. Man lud sie ein – und fort waren sie. Ich schrie und weinte, alle unsere Frauen kamen herausgelaufen und liefen dem Panzer hinterher. Es half nichts. Dann zählten wir nach: Sie hatten elf unserer Männer mitgenommen. Alles junge, zwischen 20 und 30. Viele waren bereits verheiratet und hatten sogar Kinder. Wir wussten gleich, dass etwas Schlimmes passieren würde. Aber so etwas … Wir haben es etwas später erfahren. Am Rande unseres Dorfes befand sich eine große Grube. In diese Grube haben sie dann alle unsere Männer getrieben. Wozu? Sie hassen uns, und deshalb tun sie solche völlig unfassbaren Dinge.

Also, sie haben alle dort hineingetrieben. Die Grube war sehr tief. Sie begannen sie einzeln aufzurufen und ihre Papiere zu kontrollieren. Dann erklärten sie, dass alle unsere Männer Wahhabiten seien. ‚Und was machen wir mit Wahhabiten?', fragte einer der Soldaten. Wir Dorfbewohner wurden dann von der

Grube fortgejagt, damit wir nicht sehen konnten, was dort geschah.

Mein Suleiman blieb auch dort in der Grube zurück – nackt bis zum Gürtel. Und auch andere Männer standen dort. Und dann sahen wir den Rauch. Und hörten die Schreie."

Sie bricht ab, krampft ihre Finger zusammen und wendet das Gesicht ab, damit ich ihre Tränen nicht sehe.

„Sie brannten bei lebendigem Leib. Man hatte sie mit Diesel oder Kerosin übergossen, und sie brannten. Die Schreie hielten so lange an, dass es schien, als würden alle den Verstand verlieren. Auch wir, die Frauen, schrien laut, damit sie hörten, dass wir bei ihnen sind."

Sie wischt sich die Tränen ab, aber sie laufen weiter über ihr junges Gesicht.

„Dann hat man uns zu der Grube gelassen. Sie hatten bereits alles mit Erdreich zugeschüttet. Wir wühlten darin herum, suchten zusammen, was von wem übrig geblieben war. Jemand fand ein Stück von einem dunkelblauen Pullover. Jemand anders einen Knochen. Wieder jemand anderer ganze Finger. Das war alles, was von unseren Männern übrig blieb. Ich bin jetzt 19, erst vor kurzem habe ich geheiratet und bin nun schon Witwe. Zu meiner Familie nach Hause möchte ich nicht zurückkehren, sie haben mich doch verheiratet, also muss ich nun bei meinem Mann leben, bei meiner eigenen Familie. Und da mein Mann nun nicht mehr da ist, eben bei seinen Eltern. Bei uns ist es nicht üblich, ständig hin- und herzulaufen. Bist du einmal verheiratet, dann ist es vorbei, du kannst nicht zurück.

So lebe ich also in einem fremden Haus. Ich helfe im Haushalt, mache alles, was so anfällt. Bislang schickt mich niemand fort, obwohl ich meinen Schwiegereltern ja nicht einmal einen Enkel geboren habe. Wäre mir das vergönnt gewesen, ginge es mir besser. Ich hätte wenigstens etwas, wofür ich leben könnte, und man würde mich mit Sicherheit nie fortschicken. Frag mich nicht, was weiter wird. Ich weiß es nicht. Ich lebe wie eine Tote. Alles in mir ist an jenem Tag mit Suleiman verbrannt. Wie Allah es will, so werde ich leben."

Luisa steht auf und geht ins Haus.

Auf der Bank daneben sitzt ihr Schwiegervater, der alte, vertrocknete Magomed, knochig wie ein Stockfisch. Er redet von den ermordeten Söhnen. Die Hand mit dem Spazierstock zittert.

„Ich verfluche mich, dass ich meine Söhne nicht Maschadow gegeben habe. Sie sind ja vorbeigekommen, haben sie angeworben, uns sogar Waffen gegeben. Warum habe ich sie ihm nicht gegeben? Ich dachte damals: Wozu kämpfen, der Krieg ist vielleicht sowieso bald aus. Wir hatten noch Hoffnung … Heute hasse ich mich dafür, dass ich die Jungs nicht in die Berge habe gehen lassen, damit sie kämpfen. Wenn es ihnen bestimmt war zu sterben, so wären sie wenigstens als Männer gestorben. Im Kampf. Und sie hätten sich verteidigen können. So sind sie gegrillt worden wie Hammel. Ich habe noch andere Söhne, wenn die groß sind, schicke ich sie in die Berge. Soll Aslan [Maschadow, Anm. d. Autorin] sie mitnehmen! Dort sind sie an einem sicheren Ort. Was immer man von mir verlangt, jetzt mache ich es. Wen immer sich Aslan von uns aussucht, ich werde ihn hergeben – Allah ist mein Zeuge! Es soll nur kommen und sie mitnehmen. Ich habe alle Hoffnung verloren."

Soeben habe ich noch einmal seine Stimme vom Band gehört. Wie logisch doch alles ist, mein Gott!

„Wen immer sie sich aussuchen, ich werde ihn hergeben. Soll Aslan ihn mitnehmen!"

Genau das wird er tun. Eines Tages wird er kommen. Und diese junge Witwe wird verschwinden, weil sie nicht mehr weiß, wohin sie gehen soll. Zu ihren Eltern wird sie nicht zurückkehren, und ihr Schwiegervater wird ihr sagen: „Es ist Zeit, dass du Vergeltung übst." Sie will nicht sterben, und genauso wenig will sie zu den Rebellen in die Berge gehen. Doch was soll sie tun? Wer wird sie fragen?

Ein Jahr lang wird sie fremdes Brot essen. Ein Jahr lang wird sie nachts einsame Tränen vergießen. Ein Jahr lang wird sie daran denken, wie sie schrie, „damit er weiß, dass ich bei ihm bin".

Noch ein halbes Jahr, und Luisa wird begreifen, dass ihr Leben keinen Sinn hat, und dass sie für ihren Mann Vergeltung üben muss. Sie wird noch immer nicht sterben wollen. Doch dann wird man sie so in die Mangel nehmen, dass sie vergisst, wie sie heißt und wer sie ist. Und dann wird man sie irgendwo abliefern, in die Menge schicken und in die Luft jagen.

Schon jetzt schweigt ihr freier Wille. Nicht mehr lange, und sie wird zur Marionette in den Händen irgendeines Puppenspielers werden.

Anstelle eines Nachworts

„Wer sind sie, diese Frauen, die den Tod säen?“, frage ich mich. Die Antwort: ganz einfache Frauen. Aber im Unterschied zu uns setzen sie keine Hoffnung mehr in die Zukunft.

Jeder neue Tag bringt neues Leid. Verwandte verschwinden spurlos, Kinder, Ehemänner und Brüder sterben furchtbare Tode. Vom eigenen Haus sind nur noch Trümmer und Ruinen übrig.

Die Niedergeschlagenheit nimmt mit jedem Tag zu, geht über in einen akuten physischen Schmerz (erinnern wir uns an die Schauspielerin Sara, die nach dem Tod ihres geliebten Bruders ein chronisches Herzleiden entwickelte) und wird schließlich unerträglich.

Es ist, wie wenn man sich den Finger blutig schneidet, und am nächsten Tag, wenn er bereits zu heilen beginnt, jemand wieder mit dem Messer durch die Wunde fährt. Wieder und wieder. So kann der Finger nie heilen, denn jeden Tag wird er neu aufgeschnitten. Und was, wenn das mit Ihrem Herzen passiert?

Zur Schahidin wird eine Frau nicht dadurch, dass man sie zum „Zombie“ macht, zum Beispiel durch Psychopharmaka oder neurolinguistische Programmierung. Die psychologische Vorbereitung auf die Selbstvernichtung besorgt das Leben selbst. Die „Ausbilder“ müssen die Verzweiflung und Trauer einer solchen Frau dann nur noch zum Kochen bringen. Sodass es ihr unmöglich wird, mit diesem Schmerz weiterzuleben.

Und ihr den Tod als Ausweg aufzeichnen. Als Übergang in einen anderen, fröhlichen, schwerelosen Zustand, in dem sie ganz bestimmt ihre verstorbenen Nächsten wiedersehen wird.

Während sie sich auf den Tod vorbereitet, wird die Frau ihr

ganzes Leben erneut an sich vorüberziehen lassen. Und diese Tage vor dem Tod werden die schmerzhaftesten und eindringlichsten Tage ihres Lebens sein.

Während dieser intensiv durchlebten Tage wird sie keine Zeit haben, darüber nachzudenken, wer die Leute sind, die hinter ihr stehen. Die den Sprengstoff bringen, der sie später in Stücke reißen wird.

In diesen Augenblicken verspürt sie zu viel Schmerz und Angst, um zu erkennen, dass sie für die Leute, die ihr ständig von Allah predigen, nur Kanonenfutter ist.

Deshalb rufe ich: Haltet sie auf! Nicht die Frauen, sondern die Männer, die diese Frauen – und uns alle – töten.

Haltet die auf, die diese Frauen mit vorgehaltener Waffe abholen und mitnehmen. Haltet die auf, die durch ganz Tschetschenien streifen auf der Suche nach denen, die heute ein krankes Herz und eine verwundete Seele haben.

Denn von selbst werden diese Leute damit nicht aufhören.

Die Freiheit Tschetscheniens und das Leben ihrer Schwestern, Mütter oder Witwen sind ihnen egal. Die sind für sie Kanonenfutter, das sie, mit Sprengstoff umgürtet, in eine Menge aus vollkommen unschuldigen Menschen schicken.

Auch wir, unser Leben und unsere Zukunft sind ihnen gleichgültig. Wir sind für sie das Menschenmaterial, mit dem sie Geschichte schreiben.

Weder die „lebenden Bomben" noch wir haben eine Wahl.

Wir alle sind dem Tod geweiht.

Unsere Geheimdienste behaupten unentwegt, man könne sich vor den Kamikaze-Frauen nicht retten. Man müsse eben ständig auf der Hut sein und in größeren Menschenmengen besonders aufmerksam die Umgebung beobachten. Doch was ist das für ein Leben: stets auf der Hut, ständig in Angst?

„Gegen die Schahiden kann man nicht kämpfen", sagt man uns.

Ich sage: Man kann.

Seit einem Jahr sprechen unsere Geheimdienste andauernd

von irgendwelchen geheimnisvollen „Basen“ und „Ausbildungslagern“ der Rebellen.

Warum spürt man sie nicht auf und vernichtet sie?

Ich, eine 22-jährige Journalistin, habe nach zwei Monaten in Tschetschenien erfahren, wo die „Nord-Ost“-Geiselnehmer ausgebildet wurden. Und auch wo, wie und von wem die nächsten ausgebildet werden.

Ich weiß das – und die Geheimdienste wissen es nicht?

Unmöglich.

Nun denn: Die Ausbildung der „Nord-Ost“-Geiselnehmer fand in zwei tschetschenischen Dörfern statt: in Staryje Atagi und Duba-Jurt.

Aus ganz Tschetschenien wurden junge Frauen dorthin gebracht und lebten dort so lange, bis ihre Bewacher sie nach Moskau schafften.

In einem dieser Dörfer hat auch Mowsar Barajew auf die Stunde null gewartet.

In diesen Dörfern, in ganz gewöhnlichen Häusern lebten die Selbstmordattentäter mindestens einen Monat lang und wurden instruiert.

Davon wusste so gut wie jeder Angehörige des Dschamaats und jeder mehr oder weniger zurechnungsfähige Freiheitskämpfer. Befragen Sie sie, und Sie werden nicht nur erfahren, wo die Attentäter von gestern ausgebildet wurden, sondern auch, wo man die von morgen heranzieht.

Eines der Sonderkommandos des Innenministeriums tauchte *sofort* nach Beginn der Geiselnahme dort auf. Und fand in diesen Häusern – in Staryje Atagi und Duba-Jurt – ein ganzes Lager mit wahhabitischer Literatur, Schulhefte der Attentäter, Schahidenflaggen, die eigens zum Zweck der Vorbereitung aus arabischen Ländern herangeschafft worden waren, sowie einen Haufen Kassetten mit Muzarajew-Liedern, die den Dschihad und das Schahidentum propagieren.

Niemand hatte irgendetwas versteckt. Niemand hatte sich die Mühe gemacht, etwas davon zu vernichten.

Woher ich diese Information habe? Ich fürchte, ich werde mit dem FSB noch einige ausführliche und schwierige Diskussionen haben. Nein, nicht unbedingt darüber, woher ich das alles weiß, sondern darüber, dass ich, wenn ich es schon weiß, bitteschön nicht zu viel davon ausplaudere.

So war in etwa der Tenor jenes Gesprächs im März 2003, als ich von der FSB-Verwaltung des Naurski-Rayons festgenommen wurde. Mein Wagen war von einem Posten der Verkehrspolizei angehalten worden, worauf man mich als unbekannte Person, unterwegs in eines der Dörfer des Naurski-Rayons, zum FSB brachte.

An diesem Tag wollte ich eine der Schahidinnen der „Nord-Ost"-Geiselnahme besuchen. Als der Leiter der FSB-Verwaltung davon erfuhr, geriet er in Rage. Sie stülpten meine Tasche um, rissen sogar den Boden auf, hörten sich alle meine Aufnahmen an und lasen sämtliche Notizbücher.

„Woher hast du das alles? Hast du mit den Rebellen geredet?"

„Ja, das habe ich. Ich bin Journalistin und arbeite mit verschiedenen Quellen. Mit Ihnen zu arbeiten ist ja unmöglich, denn Sie verheimlichen immer alles. Sie haben mich doch nur verhaftet, weil ich die ‚Nord-Ost'-Geschichte recherchiere. Warum? Wovor haben die Geheimdienste Angst? Dass jemand die Wahrheit erfährt?"

Schweigen. Sie lesen weiter. Sie finden Diagramme, die Organisationsstruktur des Terroranschlags auf das Musical-Theater von ganz oben bis ganz unten. Die unterste Ebene sind die besagten Dörfer Staryje Atagi und Duba-Jurt.

„Woher weißt du das? Wer hat dir das gegeben?"

Es stimmt also. Sowohl die unterste als auch die oberste Ebene.

„Wieso, stimmt vielleicht etwas nicht?"

Er schweigt. Und grinst.

„Mit wem hast du hier in Tschetschenien gesprochen?"

„Mit vielen Menschen."

„Was schnüffelst du in der ‚Nord-Ost'-Sache herum? Bist du dir eigentlich im Klaren, *wo* du deine Nase hineinsteckst?"

Die Unterredung dauerte lange und endete erst, als sich wichtige Personen einschalteten. Man ließ mich gehen, nicht ohne mich zu warnen, dass meine nächste Reise nach Tschetschenien meine letzte sein könnte.

Ich werde nun nicht darüber sprechen, dass sich der FSB in einer so komplexen Angelegenheit wie der „Nord-Ost"-Geiselnahme und der Anwerbung von Selbstmordattentäterinnen sehr seltsam verhält. Ich werde nicht darüber sprechen, dass der Sinn einer solchen Vernehmung eigentlich sein sollte, herauszufinden, was ich konkret weiß und welches meine Quellen sind, aber nicht, mir zu drohen und mir zu raten, ich solle mich da „raushalten".

Wichtig ist etwas anderes.

Am Ende, während ich mit zitternden Händen meine Notizblöcke und Kassetten einsammelte, fragte ich den Leiter der FSB-Verwaltung des Naurski-Rayons, Sergej Uschakow:

„Warum verhaften Sie mich, eine Journalistin, die die Wahrheit über diese Frauen herausfinden will, und drohen mir, während die Leute, die die Attentäter anwerben und die Anschläge organisieren, in Freiheit sind? Warum weiß ich, wer sie sind, und Sie nicht?"

Er lächelte spöttisch:

„Wir kennen sie alle, und wir kennen sie besser als du. Alle, sogar die Namen. Was du kennst, ist nur ein Zehntel davon."

„Aber warum verhaften oder vernichten Sie sie nicht? Ist Ihnen etwa nicht bekannt, dass Menschenrechtsorganisationen von Inguschetien aus Leute für die ‚Nord-Ost'-Geiselnahme bereitgestellt haben? Und dass sie derzeit neue Leute ausbilden?"

„Das wissen wir genauso gut wie du", presste er hervor.

„Warum also? Warum?" In diesem Augenblick kam ich mir wie ein dummes Mädchen vor. „Mich verhaften Sie dafür, dass ich etwas weiß. Aber diejenigen, die die Menschen vorbereiten und außer Landes bringen, rühren Sie nicht an? Warum?!"

Er blickte mich lange misstrauisch an, die Fäuste geballt.

„Wir haben keinen Befehl in dieser Richtung erhalten."

Das war es. Mehr brauchte er mir nicht zu erklären. Alle wissen über alles Bescheid. Aber von oben kommt kein Befehl. Zur Vernichtung. Zur Beendigung von alledem.

Dennoch will ich hier meine Aussagen vor dem FSB des Naurski-Rayons wiederholen:

– In den Dörfern Staryje Atagi und Duba-Jurt sind von Ende Sommer bis Mitte Oktober 2002 Selbstmordattentäter ausgebildet worden.

– Derzeit sind die Bergdörfer der Wedenski-, Schatoiski- und Noschai-Jurtski-Rayons besonders zu beobachten. Dort herrscht die größte Gefahr, dass Selbstmordattentäterinnen ausgebildet werden.

– Einer der großen Anführer der Bewegung hat bis vor kurzem unweit der Stadt Bamut gewohnt. Bamut, der benachbarte Atschchoi-Martanski-Rayon sowie Inguschetien gehören heute zu den größten Ausbildungszentren für Schahidinnen.

– Der Achmetski-Rayon sowie das Pankis-Tal in Georgien sind „Besorgnis erregende" Gebiete, wo die Rebellen sich in Sicherheit fühlen und in der so dringend notwendigen Isolation Selbstmordattentäterinnen ausbilden können.

– Baku, die Hauptstadt von Aserbaidschan, ist das Zentrum von allem: des Wahhabismus, der ideologischen Indoktrination der tschetschenischen Selbstmordattentäterinnen sowie der Finanzierung von Terroranschlägen aus dem Ausland.

Das wusste ich von meinen Informanten. Von Menschen, mit denen ich mich ein Jahr lang unterhalten hatte – verschiedensten Menschen, sowohl auf der einen, als auch auf der anderen Seite.

Ich wusste auch, dass die Bandenführer einen großen Auftrag über die Entsendung einer Schahidin bekommen hatten, dass dieser Auftrag gut bezahlt wurde und für die Rebellen mit wenig Aufwand verbunden war. Und das, wo gerade Selbstmordattentate von Frauen bei den Massenmedien sowie im Westen maximale Aufmerksamkeit erzielen.

Weiter wusste ich, dass der Höhepunkt der Anschläge mit „lebenden Bomben" für den Zeitraum zwischen Ende 2003 und Anfang 2004 – also kurz vor den Präsidentenwahlen – geplant war. In der russischen Ausgabe dieses Buches, das im November 2003 erschienen ist, habe ich dieses Datum erwähnt und davor gewarnt, dass wir uns auf etwas noch nie Dagewesenes gefasst machen sollten.

Und so kam es auch: Die Detonation vom dem Hotel „National" war gleichsam ein Vorbote des furchtbaren Anschlags in der Moskauer Metro, der für lange Zeit die Moskauer vor der Benutzung öffentlicher Untergrundverkehrsmittel zurückschrecken ließ. Denn dort, unter der Erde, in einem geschlossenen Raum, sind wir noch um ein Vielfaches verletzlicher. Man kann nirgendwohin weglaufen, und sich in Sicherheit zu bringen ist unmöglich …

Nach den beiden Terroranschlägen im Sommer 2003 wurden in Russland eigens von Innenministerium und FSB entwickelte Leitfäden verbreitet, die Hinweise enthielten, wie man eine Selbstmordattentäterin in der Menge identifizieren könne.

Im Zweifelsfall ist es dann aber schon zu spät. Was hilft es, wenn du in einem überfüllten Waggon der Metro plötzlich einer Frau in die Augen siehst, die den Tod mit sich trägt?

Ich schrieb nieder, auf wen die Geheimdienste dort, in Tschetschenien achten müssen. Ich wies auf die Frauen hin, die für die Anwerber zur leichten Beute werden können. Doch hat man nicht darauf geachtet. Wollte man nicht?

Ich wiederhole jetzt noch einmal, was ich damals schrieb: Die Organisatoren der Terroranschläge suchen in erster Linie nach jungen Frauen aus Familien, in denen die Klanbeziehungen nicht mehr funktionieren oder der Vater fehlt; nach jungen Schwestern oder Witwen von Rebellen; Frauen aus sehr religiösen oder wahhabitischen Familien. Frauen, in deren Familien sich in jüngster Zeit eine Tragödie ereignet hat; die schwer am Tod ihrer Nächsten tragen; deren Verzweiflung und Niedergeschlagenheit einen kritischen Zustand erreicht haben.

Vor allem Frauen, *die niemanden haben, der sie beschützt.*

Damit eine solche Frau nicht zur „lebenden Bombe" wird, muss man den Rebellen zuvorkommen.

Man muss ihr Hoffnung bieten – nicht den Tod, wie die Rebellen es tun.

Ihr eine Arbeit geben, ihr garantieren, dass von ihren Freunden und Verwandten niemand mehr bei einem nächtlichen Fliegerangriff umkommt oder in einer Grube bei lebendigem

Leibe verbrannt wird. Ihr garantieren, dass ihre Kinder morgen in die Schule gehen und nicht einfach so, ohne ordentliches Gerichtsverfahren, entführt werden – und man sie später mit ausgeweideten und vernähten Bäuchen auf einer Müllkippe findet.

Man muss ihr Hoffnung geben. Dann wird sie jenen nicht folgen, die behaupten, dass für sie alles vorbei ist.

Sie wird ihnen nicht folgen, wie es die 36 jungen Frauen taten, die tatsächlich glaubten, dass sie am Ende seien.

Wie das tschetschenische Innenministerium bereits Anfang Mai 2003 berichtete, hat Schamil Bassajew genau diese Anzahl von Selbstmordattentäterinnen in russische Städte entsandt, um dort Terroranschläge auszuführen.

Die Dossiers zu den Selbstmordattentäterinnen und ihren männlichen Begleitern trafen Ende April 2003 in Moskau ein. Zu diesem Zeitpunkt lief für die Frauen und ihre Opfer bereits die Zeit ab.

In den letzten anderthalb Jahren kamen in Russland bei Anschlägen mindestens 1500 Menschen ums Leben, mehrere Hundert wurden verletzt.

Von den 36 Attentäterinnen haben etwas mehr als zehn ihren Anschlag ausgeführt, folglich sind ungefähr 20 von ihnen noch am Leben. Wir können also davon ausgehen, dass diese Frauen auch noch eingesetzt werden sollen – es sei denn, uns gelingt es, sie aufzuhalten.

Wie? Indem wir die Männer aufhalten! Diejenigen, die diese Frauen heute in russische Städte bringen – nach Moskau, Saratow, Mosdok, Wolgodonsk, Rostow am Don.

Eines bleibt jedoch unbegreiflich: Wie kommt es, dass die Geheimdienste jene, die die Schahidinnen anwerben und vorbereiten, sogar beim Namen kennen, ihnen aber nicht das Handwerk legen?

Warum bewegen sich die Anwerber frei in Pkws durch Inguschetien, einige von ihnen sogar mit Sonderpassierscheinen?

Die auch noch vom FSB ausgestellt wurden?

Wird dieser Albtraum also niemals aufhören? Ist dieser Krieg also doch noch für jemanden von Nutzen?

Ein Krieg, dessen Soldaten wir sind: die Frauen.

Nach der Ermordung tschetschenischen Präsidenten Achmat Kadyrow am 9. Mai während der Siegesparade im Dynamo-Stadion in Grosny durch eine Bombe beginnt in Tschetschenien langsam, aber sicher wieder ein neuer Krieg.

Wieder wird an Türen geklopft, verschwinden Menschen spurlos und werden ohne Gerichtsverfahren hingerichtet. Jemand ruft mich aus Tschetschenien an und erzählt von gemeinsamen Bekannten: „Erinnerst du dich an Tschewtschijew, den Typen mit der Behinderung? Sie haben ihn verprügelt und dann mitgenommen. Er ist nicht wieder aufgetaucht. Die arme Mutter!“

Mich packt die Angst.

Echte Angst. Davor, dass alles wieder von vorne beginnt. Dass die Mütter ihre Söhne beweinen werden, und dass deren Schwestern und Witwen bereit sein werden, sich eine Sprengladung umzuhängen.

Und wieder Begräbnisse. Tränen. Dort – und hier.

Ich rufe: Haltet die auf, die den Terror in Tschetschenien fortführen und so den Anwerbern immer neues Material verschaffen – Frauen, in deren Häuser neues Leid entstanden ist.

Ich appelliere an diejenigen, die die Macht dazu haben:

Haltet sie auf!

Gebt diesen Frauen Hoffnung!

Gebt uns allen Hoffnung!

Moskau, 15. Mai 2004

P.S.: Das Leben vor Beslan und danach

Ich hatte tatsächlich die Hoffnung, mit diesem Buch einen Schlusspunkt zu setzen. Ich wollte nicht mehr zu diesem Thema zurückkehren. Ich war es leid, über den Tod zu schreiben.

Die Belastung durch das Risiko, dem ich mich während meiner Reisen durch Tschetschenien aussetzte, war nichts im Vergleich zu der Depression, die mich während der Niederschrift dieses Buches immer wieder heimsuchte.

Und wenn ich erst daran denke, was geschah, nachdem „Die Bräute Allahs“ in Russland erschienen waren ... Es ist unmöglich, davon zu sprechen, ohne dass es einem in der Seele wehtut. Ich fühlte mich leer und niedergeschlagen: Alle Prophezeiungen aus meinem Buch traten ein.

Ich hatte über die „lebenden Bomben“ nicht nur deshalb geschrieben, weil ich berichten wollte, wie und warum sie sich in die Luft sprengen. Ich hatte gehofft, ich könnte warnen. Etwas verhindern. Ich hatte beschrieben, wer diese Frauen mit welchen Methoden anwirbt, hatte angedeutet, wer hinter all dem steht, hatte sogar die Anwerber und Organisatoren der Terroranschläge namentlich genannt!

Keinem von ihnen wurde auch nur ein Haar gekrümmt. Dafür wurde mein Buch mit einem Verkaufsverbot belegt.

Ich habe getan, was ich konnte. Doch es hat nichts gebracht.

Seit dem Erscheinen der russischen Ausgabe von „Die Bräute Allahs“ sind zwei Flugzeuge abgestürzt und eine Bombe bei der Metrostation „Rischskaja“ detoniert – alles Terroranschläge, die angeblich von Selbstmordattentäterinnen verübt wurden.

Und dann das Allerschlimmste: Beslan. Etwa anderthalb tausend Geiseln. Unter den Terroristen, die die Schule besetzt hatten, waren mindestens zwei Frauen. Zwei junge, schwarz gekleidete Frauen.

Das sind sie, die Hauptpersonen meines Buchs. Und nun beteiligten sie sich an der Ermordung von Kindern.

Der tragische Tod von mindestens 600 bis 800 Kindern und Erwachsenen (Dutzende von Leichen sind noch immer nicht identifiziert sowie etliche Vermisste noch nicht gefunden worden) löste zunächst Schock und Schmerz aus. Als diese allmählich nachließen, begann ich mir Fragen zu stellen. Denn die Behörden schwiegen, und dieses unheilvolle Schweigen barg nur noch mehr Fragen.

Eigentlich wollte ich nicht mehr über diese Frauen schreiben. Doch sie hören nicht auf, sich in die Luft zu sprengen und völlig unschuldige Menschen mit in den Tod zu reißen. Wer wird dieses Fließband stoppen?

1. DAS FLIESSBAND DES TODES

Die Selbstmordattentäterinnen, die sich laut Angaben der Ermittler bei der Metrostation Rischskaja und in den Flugzeugen TU-154 und TU-134 in die Luft jagten, waren eng befreundet. Sie hatten dieselbe Wohnung in Grosny gemietet und handelten mit Spielzeug, Socken und Strumpfhosen.

Nach den Anschlägen auf zwei russische Linienflugzeuge veröffentlichten die Geheimdienste die Namen der Selbstmordattentäterinnen: die Schwestern Amnat und Rosa Nagajewa (30 bzw. 29 Jahre), Sazita Dschebirchanowa (37 Jahre) sowie Marjam Tabunowa (27 Jahre).

An dieser Stelle will ich darauf hinweisen, wie ungewöhnlich effektiv der FSB in diesem Fall gearbeitet hat. Unmittelbar nach den Abstürzen am 24. August 2004 stellten die Geheimdienste in den Passagierlisten dieser beiden Flüge zwei tschetschenische

Nachnamen fest. Offenbar sind die russischen Geheimdienste ernsthaft der Ansicht, dass Terroranschläge in Russland ausschließlich von Tschetschenen verübt werden. Kaum hatte man also die Nachnamen von zwei tschetschenischen Frauen in den Passagierlisten entdeckt, da verkündete der FSB bereits selbstsicher, dass an Bord der russischen Maschinen ein Terroranschlag stattgefunden hatte, verübt – natürlich – von den „tschetschenischen Selbstmordattentäterinnen“ Amnat Nagajewa und Sazita Dschebirchanowa.

Sogleich holte man über das Innenministerium in Tschetschenien Informationen über diese Frauen ein. Die Fahnder sollten herausfinden, wer sie waren, womit sie sich beschäftigt hatten, ob es Familienangehörige gab, und aus welchen Gründen sie am 24. August 2004 die Flüge Moskau–Wolgograd beziehungsweise Moskau–Sotschi angetreten hatten.

Das tschetschenische Innenministerium verheimlichte nicht, dass man nichts gefunden hatte, was Dschebirchanowa und Nagajewa hätte belasten können. Sie waren einsame Frauen gewesen, die auf einem Markt in Grosny Kleider verkauften. Wie sich herausstellte, lebten sie gemeinsam in einer Mietwohnung in Grosny. Und dann wurde auch noch bekannt, dass sie kurz vor dem Anschlag zu viert nach Baku gefahren waren, um die nächste Warenlieferung abzuholen. Amnat hatte ihre Schwester Rosa mitgenommen, dazu kamen Sazita und ihre Kollegin Marjam Taburowa. Die vier Frauen waren wenige Tage vor dem Anschlag mit einem Linienbus nach Baku gefahren und hätten am 24. August längst wieder mit neuer Ware zurück sein sollen.

Doch sie kamen nicht. Wie immer behaupteten die Verwandten steif und fest, sie wüssten nicht, wo sich ihre Töchter und Schwestern befänden. Der Bruder der 37-jährigen Sazita, Hussein, teilte den Milizionären mit:

„Meine Schwester ist im Handel tätig. Zusammen mit ihren Freundinnen verkauft sie auf einem Markt in Grosny Socken und Strumpfhosen. Das letzte Mal habe ich Sazita vor etwa zwei Wochen gesehen. Sie ist uns besuchen gekommen, aber nicht über Nacht geblieben. Sie hat gefragt, wie es ihren Neffen geht, und ist gegen Abend schnell wieder weggefahren. Nein, sie hat keinen seltsamen Eindruck gemacht. Ganz normal, wie immer.

Sie sagte, dass sie nach Baku fährt, dass sie zum Beginn des neuen Schuljahrs Kinderkleidung, Taschen und Schreibwaren kaufen will – für ihr Geschäft natürlich. Man hat sie in Chassawjurt gesehen, wie sie mit den anderen Kleinhändlern in den Bus stieg – das habe ich später herausgefunden, ich bin nämlich eigens mit meinem Bruder dorthin gefahren. Nein, sie hatte überhaupt keinen Grund sich umzubringen! Wozu? All unsere Verwandten sind am Leben, von ihrem Mann ist sie schon lange geschieden und lebt ihr eigenes Leben. Sie kleidet sich züchtig, wie es sich für eine Muslimin gehört, mit Kopftuch. Ja, und in Moskau war sie noch nie! Was für ein Flughafen, was für ein Moskau, was für Flugzeuge? Wovon reden Sie? Sie war dort noch nie und hatte auch nicht vor, dorthin zu fahren. Außerdem hatte sie gar kein Geld dafür. Sie hat jede Kopeke in neue Ware, in ihr Geschäft investiert. Warum sollte sie einfach so durch die Gegend reisen?"

Ein seltsamer Lebenslauf für eine Selbstmordattentäterin, nicht wahr? Nicht weniger seltsam ist offenbar die Geschichte der Schwestern Nagajewa. Gebürtig sind sie aus dem Wedenski-Rayon. Ruslan Atajew, ein mir bekannter operativer Mitarbeiter des tschetschenischen Innenministeriums, sagte mir, das Haus der Nagajews im Dorf Kirow-Jurt sei eines der wenigen unversehrten Häuser im ganzen Bezirk. Ein großes Haus, aus Ziegelstein, mit einem hohen Zaun. Es sei deutlich zu sehen, dass die Besitzer nicht in Armut leben.

„In Kirow-Jurt wohnen die Mutter der Nagajewas und ihre Schwester. Männer leben nicht im Haus; die älteren Brüder sind alle fortgefahren, entweder nach Grosny oder in das Dorf Tscherwljonaja," erzählt mir Atajew. „Die Frauen aber haben damit, dass sie allein leben, keine Probleme. Man munkelt, dass sie ein so gutes Leben führen, weil sie den Rebellen helfen. Der Wedenski-Rayon ist die Heimat von Schamil Bassajew, und er hält sich nach wie vor in Wedeno versteckt. Die ortsansässige Bevölkerung hilft ihnen natürlich – auch Rebellen müssen sich waschen, an einem sicheren Ort ausruhen oder sich behandeln lassen, wenn sie verletzt oder krank sind. Die Nachbarn sagen, dass in ihrem Haus sehr oft Männer mit Waffen zu sehen sind.

Wenn das alles stimmt, werden die Rebellen wohl kaum die Töchter der Hausherrin in den Tod schicken wollen – sie gehören ja schon fast zu ihnen."

Wie es aussieht, sind Amnab Nagajewa und Sazika Dschebirchanowa, im Gegensatz zu jenen Tschetscheninnen, die während des Sturms auf das Dubrowka-Theater ums Leben kamen, tatsächlich nach Baku gefahren, um sich mit neuer Ware einzudecken.

Aber warum sind sie nicht zurückgekehrt? Wenn Sazita und Amnat sich tatsächlich in den Flugzeugen in die Luft gesprengt haben, wohin sind dann Rosa Nagajewa und Marjam Taburowa verschwunden?

Das Verschwinden dieser beiden macht die Geheimdienste misstrauisch: Man stempelt sie ebenfalls als Selbstmordattentäterinnen ab und leitet die Fahndung nach ihnen ein. In öffentlichen Verkehrsmitteln, Krankenhäusern und Geschäften – an allen öffentlichen Plätzen werden Steckbriefe mit ihren Gesichtern aufgehängt, und die kremlfreundliche Presse beginnt zu verbreiten, dass Taburowa und Nagajewa – wenn man davon ausgeht, dass alle vier gemeinsam nach Moskau gekommen sind – weitere Terroranschläge verüben werden.

Nach einigen Tagen ereignet sich tatsächlich ein neuer Anschlag: Am 30. August reißt eine Explosion neben dem Eingang zur Metrostation „Rischskaja" zehn Menschen in den Tod und verletzt Dutzende. Blut, Schreie, Kameras am Ort des Geschehens. Ein verletzter Mann ruft den Journalisten zu: „Das war ein Auto. Ein Auto ist explodiert! Ich war gerade in der Nähe, und da ..." Die Kamera schwenkt auf das verkohlte Gerippe eines Wagens – etwa 50 Meter vom Metro-Eingang entfernt befindet sich ein Parkplatz. Dass jemand diesen Wagen einfach vermint hat, scheint überaus wahrscheinlich.

Schon nach einer halben Stunde lassen jedoch sämtliche Nachrichtenprogramme die Version mit dem geparkten Auto plötzlich fallen und übertragen die Ausführungen des Pressesprechers des Innenministeriums der Russischen Föderation Waleri Gribakin: „Anfangs wurden von uns zwei mögliche Versionen des Geschehens in Betracht gezogen. Die erste: ein unter einem Auto befestigter Sprengsatz. Die zweite: eine Selbstmordattentäterin. Nun können wir bereits mit Sicherheit sagen, dass die Detonation von einer Selbstmordattentäterin ausgelöst wurde. Es sind einige Zeugen aufgetaucht, die eine schwarz gekleidete Frau beobachtet haben, welche sich vom Eingang der Metro schnell entfernte, ja sogar beinahe fortlief."

Die „Frau in Schwarz" ist ein Klischee, aber auch eine mythische Figur, vor der die Russen eine tiefe Furcht haben. Die aktive Propaganda der Massenmedien hat ihren Teil dazu beigetragen: Heute glaubt man in Russland tatsächlich, dass eine Selbstmordattentäterin genau so aussehen muss. Nicht zuletzt die Geheimdienste beeinflussen hier entscheidend die öffentliche Meinung, indem sie diese Frauen nicht selten mit abschreckenden Termini belegen: „Schahidin", „Schwarze Witwe" oder „Schwarze Fatima". Dazu muss man sagen, dass Fatima ein sehr häufiger tschetschenischer Name ist, und die Tschetscheninnen fast alle dunkelhaarig sind. Und so kommt es eben, dass so gut wie jede tschetschenische Frau, wenn es den Geheimdiensten passt, zu einer potenziellen Bombe werden kann.

Die „Frau in Schwarz" bringt Tod und Zerstörung. Im Fall des Anschlags auf die Station „Rischskaja" jedoch ist alles viel einfacher. Zwei junge Frauen – Katja und Mascha – haben die Metrostation betreten, als plötzlich eine der beiden bemerkt, dass sie vergessen hat, Zigaretten zu kaufen. Sie ruft der Freundin zu: „Bin gleich zurück", und hetzt nach draußen, verlässt die Metrostation und nähert sich dem nächsten Kiosk. Sie ist schwarz gekleidet. Und plötzlich – eine donnernde Explosion.

„Als ich auf die Straße lief, sah ich als erstes das brennende Auto. Und Mascha – tot, ohne Arme und mit aufgeplatztem Bauch ...", heult Katja hysterisch. „Dabei hat sie heute Geburtstag gehabt ..."

Wir wissen also, dass die Frau mit dem aufgeplatzten Bauch und den herausquellenden Eingeweiden ein Opfer ist, dass ein tragischer Zufall sie genau in diesem Moment aus der Metro laufen lässt, um Zigaretten zu kaufen. Doch sehen Sie, was bereits eine Sekunde nach ihrem grausigen und unverhofften Tod geschieht:

„Ich habe eine Frau gesehen, sie ist vom Eingang der Metro weggelaufen und hat etwas Fröhliches gerufen“ – wir wissen, was sie ihrer Freundin zugerufen hat –, „und dann plötzlich – die Explosion“, erzählt eine ältere Frau in den Nachrichten.

„Sie hatte etwas Schwarzes an und ist ganz, ganz schnell vom Metroeingang fortgegangen … Ich würde sogar sagen, dass sie lief“, behauptet ein junger Mann. „Ich habe die Schahidin gesehen! Es hat ihr sogar den Bauch aufgerissen!“

Nun ist es passiert. Das Gerücht ist in der Welt und breitet sich aus wie eine Lawine. Ganz Moskau spricht nach den 21-Uhr-Nachrichten nur noch davon, dass sich bei der Station „Rischskaja“ eine schwarz gekleidete Schahidin in die Luft gejagt hat, und dass ihr die Detonation den Bauch aufgerissen hat. Bleibt nur zu hoffen, dass Maschas Eltern diese Ausgabe der Nachrichten nicht gesehen haben, denn es muss unerträglich sein, einer erhitzten Menge beweisen zu müssen, dass die eigene Tochter, die an ihrem Geburtstag so tragisch umgekommen ist, keine Schahidin ist, sondern ein Opfer wie alle anderen.

Die Staatsbeamten machten sich damals jedoch mit sichtlicher Genugtuung daran, das Gerücht von der „Frau in Schwarz“ zu verbreiten. Gribakin und später auch Moskaus Bürgermeister Juri Luschkow sprachen davon, dass die Attentäterin am Eingang der Metro vor zwei Milizionären Angst bekommen habe. Aus irgendeinem Grund sei sie dann zurückgelaufen und habe in der Menge die Bombe gezündet.

Ehrlich gesagt ist mir bis heute unverständlich, wieso eine Frau, die ohnehin gleich sterben wird, sich vor irgendwelchen gelangweilten Milizionären am Eingang fürchten soll. Von meinen Fahrten durch Tschetschenien habe ich noch gut in Erinnerung, wie sehr die dortige Bevölkerung Menschen in Uniform hasst. Im Mai 2003 waren zwei Attentäterinnen in Ilischan-Jurt sogar so nahe an die Bewacher des damals noch lebenden Präsidenten Kadyrow herangerückt, wie es nur ging, um möglichst viele Soldaten und Milizionäre mit in den Tod zu reißen.

Warum sollte also diese Attentäterin plötzlich vor den Milizionären Angst bekommen? Auch wenn es zynisch klingen mag, hätte sie diesen logischerweise möglichst nahe kommen müssen, um sie und sich gleichzeitig in die Luft zu sprengen.

Halten wir uns aber an die offizielle Version, laut der die Detonation unweit der Station „Rischskaja“ von Rosa Nagajewa ausgelöst wurde, der Schwester von Amnat Nagajewa, die eine Woche zuvor eines der Flugzeuge in die Luft gejagt hatte. Die 29-jährige Rosa, die an einer schweren Form von Epilepsie litt und zeit ihres Lebens das Bett gehütet hatte, war nun plötzlich zur Terroristin avanciert.

Bereits am nächsten Tag schrieben sämtliche Zeitungen, dass Nagajewa die Bombe gezündet hatte, obwohl es dafür noch gar keine offizielle Bestätigung gab. Das gerichtsmedizinische Gutachten zur Identifikation der Leiche würde ja erst dann veröffentlicht werden können, wenn man mithilfe der Eltern der Nagajewa einen DNS-Abgleich durchgeführt hatte. Im äußersten Fall würden diese sogar nach Moskau kommen müssen, um den weiblichen Kopf zu identifizieren, der von den Ermittlern erst am nächsten Tag gefunden worden war – auf dem Dach des gegenüberliegenden Kaufhauses.

Somit war am Morgen des 1. September die Fahndungskette des FSB beinahe vollständig: Die spurlos verschwundenen Händlerinnen. Die völlige Ratlosigkeit der Verwandten – niemand von ihnen hatte irgendwelche Rachemotive. Das Fehlen jeglicher Informationen über sie – sie hatten nur untereinander Kontakt und führten ein unauffälliges Leben. Dies alles fügte sich für den Geheimdienst zu einem perfekten Bild: Für jeden Anschlag gab es die passende Täterin. Amnat Nagajewa und Sazita Dschebirchanowa hatten die Flugzeuge in die Luft gesprengt, und Rosa Nagajewa war bei der Metrostation „Rischskaja“ aufgetaucht. Nur eine hatte man noch nicht dingfest gemacht: Marjam Taburowa.

Gegen Mittag des 1. September wird klar, dass die Taburowa sich in der Rebellengruppe in der Schule von Beslan befinden könnte. Unter den mindestens 40 Rebellen sind auch zwei Frauen.

2. DIE GETÖTETEN SCHAHIDINNEN

Die Selbstmordattentäterinnen gaben den Kindern Wasser und Schokoriegel. Am zweiten Tag der Entführung wurden sie von den Rebellen ermordet.

Die Frauen unter den Geiselnehmern verhielten sich still und unauffällig. Sie taten nichts, außer Pistolen in den Händen zu halten. Wenn die Rebellen den Raum verließen oder gerade nicht hinsahen, reichten sie den Kindern heimlich Wasser und Snickers.

Wie die weiteren Ereignisse zeigen, hatten sie ihre wichtigste Aufgabe in dem Augenblick erfüllt, in dem die Rebellen sie mit einer Videokamera aufgenommen hatten. Die ganze Welt würde nun erfahren, dass erneut Frauen an einer Geiselnahme beteiligt waren. Und diesmal waren sie gekommen, um Kinder zu töten.

Gegen Abend des ersten Tages hatten die Frauen in einem der Büros in der Schule eine laute Auseinandersetzung mit dem Anführer der Rebellen. Laut Augenzeugenberichten waren sie bestürzt über die vielen gefangen genommenen Kinder. Die Rebellen hatten nämlich geprahlt, sie hätten gar nicht gewusst, in welcher Stadt sie sich befänden und um welches Objekt es sich handele – eine Schule, ein Krankenhaus oder einen Kindergarten.

Die Attentäterinnen hatten also offenbar bereits am Ende des ersten Tages die Nerven verloren. Nach dem lauten Schlagabtausch mit dem Rebellenführer, der den Spitznamen „Oberst" trug, hörte man es im Büro krachen. Als der „Oberst" den Raum verließ, verkündete er lachend: „Unsere Schwestern haben gesiegt."

Er hatte sie umgebracht. Laut unterschiedlichen Aussagen der Geiseln waren entweder laute Schüsse oder schwache Detonationen zu hören gewesen. Wie genau die Schahidinnen ums Leben gekommen waren, ob man sie mit einer Bombe getötet oder in den Kopf geschossen hatte, lässt sich den Angaben somit nicht entnehmen …

Selbst einen Monat nach der Tragödie von Beslan sind diese Frauen noch immer nicht identifiziert. Niemand kennt ihre Namen. Wodurch es allerdings völlig unmöglich wird zu erfahren, wie und warum sie am 1. September zusammen mit einer Gruppe professioneller Killer in der benachbarten Republik Nordossetien aufgetaucht sind.

Der Aufruhr um die furchtbaren Ereignisse von Beslan hatte ein sensationelles Ereignis völlig in den Hintergrund gedrängt: Die Schwestern Nagajew, Rosa und Amnat, sowie Sazita Dschebirchanowa und Marjam Taburowa waren plötzlich wieder aufgetaucht. Lebend und völlig unversehrt!

Die offizielle russische Regierungszeitung *Rossiiskaja Gaseta* schrieb in ihrer Ausgabe vom 2. September 2004, dass Amnat Nagajewa die ganze Zeit über im Gebiet Rostow mit Spielzeug gehandelt hatte. Sogleich rief ich im Innenministerium der Republik an, um zu erfahren, ob das stimmte.

„Ja, die Schahidinnen sind wohlauf", teilte mir mein Informant verblüfft mit. „Es ist unerklärlich, warum sie eine ganze Woche geschwiegen haben, während man sie fieberhaft suchte. Ganz Russland war mit ihren Fotografien plakatiert, aber sie haben offenbar an einem sicheren Ort abgewartet, bis die Ereignisse in der Schule von Beslan die Aufmerksamkeit von ihnen ablenkten."

Wer saß dann in den Schicksalsmaschinen von Moskau nach Sotschi bzw. Wolgograd? Warum schwiegen die vier Frauen eine ganze Woche, obwohl sie wussten, dass man sie zu Terroristinnen erklärt hatte? Liegt die Erklärung hierfür vielleicht in der engen Beziehung zwischen der Familie Nagajew und Russlands Terroristen Nr. 1 Schamil Bassajew? Haben sie dieses seltsame Theater von ihrem plötzlichen Verschwinden und dem Wunder ihrer Rückkehr womöglich absichtlich inszeniert?

Doch wofür? Wer zieht die Fäden in diesem Stück? Und schließlich – die wichtigste Frage: Wer war in den Flugzeugen? Wer bei der Metrostation „Rischskaja"? Wer wurde dort in die Luft gesprengt?

Und, mit Verlaub: Waren es denn überhaupt „Schahidinnen"? Bisher kann ich das nicht beweisen. Und wie es aussieht, werden wir auf diese Frage nie eine Antwort bekommen.

Eines ist klar: Die Auftraggeber haben aus meinem Buch eine Lehre gezogen. Sie werden nie wieder zulassen, dass die Namen der „lebenden Bomben“ an die Öffentlichkeit geraten. Denn in einem solchen Fall lässt sich vieles klären: woher die betreffende Frau kommt, wer sie angeworben hat, wer sie an den Ort des Anschlags gebracht hat, und mit wem sie Kontakt hatte. Und all diese Informationen tragen dazu bei, den Grund ihres Todes aufzuklären.

Von nun an sind alle Attentäter anonym. Andere Frauen, die noch am Leben sind, willigen ein, dass man ihre Namen zur Durchführung einer Aktion benutzt – und wahrscheinlich tun sie das nicht nur aus altruistischen Beweggründen. Dafür sind sie sogar bereit hinzunehmen, dass überall Steckbriefe mit ihren Fotografien herumflattern: „Gesucht: Die Terroristinnen …“ Sie selbst gehen gesund und munter aus dieser Sache hervor, während von den wahren Attentäterinnen – den Opfern dieser Machenschaften – nur Fetzen übrig bleiben.

Wir werden die Namen der jungen Frauen, die in Beslan ums Leben kamen, nie erfahren. (Dass sie dort waren, ist sicher, denn anderthalb tausend Geiseln haben sie genauso gesehen wie wir.) Die Wahrheit herauszufinden ist jedoch nicht mehr möglich.

In den zwei Jahren, die seit der tragischen Erstürmung des Musicals „Nord-Ost“ im Dubrowka-Theater vergangen sind, hat sich in meinem Land nichts verändert. Oder doch: Der Tod hat nun keine Namen mehr. Er hat nur noch ein Geschlecht – und das ist weiblich …

Moskau, 23. Oktober 2004
(Heute vor genau zwei Jahren wurden die Zuschauer des Musicals „Nord-Ost“ im Dubrowka-Theater von Terroristen als Geiseln genommen.)

Glossar

Amir – Ehrentitel der tschetschenischen Rebellenführer
Ashab – Gefährte des Propheten Mohammed
Ibn al-Chattab (1969–2002) – Internationaler Terrorist jordanischer Herkunft. Anfangs in Afghanistan tätig, ab 1995 in Tschetschenien und Dagestan. 2002 vermutlich vom FSB ermordet.
Dschamaat – „die Gemeinde", in Tschetschenien eine Gemeinde wahhabitischer Prägung
Dschihad – wörtl. „Anstrengung", bewaffneter Kampf gegen die Ungläubigen, „Heiliger Krieg", vgl. Gasawat
FSB – Föderaler Sicherheitsdienst, Nachfolger des KGB
Gasawat – Heiliger Krieg
Hidschab – Teil der islamischen Frauenkleidung, die den ganzen Körper bis auf Hände und Gesicht bedecken soll.
Huri – Jungfrau im Paradies der Muslime
Iman – arabisches Wort für den islamischen Glauben
Itschkerija – tschetschenisches Wort für „Tschetschenien", benannt nach dem südlichen Teil der Republik, von dem der härteste Widerstand gegen Russland ausgeht. Die einseitige Proklamation der unabhängigen Kaukasusrepublik Itschkerija fand im November 1991 nach der Auflösung der UdSSR statt.
OMON – Spezialtruppe des Innenministeriums einer Teilrepublik oder der Russischen Föderation
Schahid(in) – „Zeuge, Märtyrer", Gefallener im Kampf für Allah
Tejp – Klan, Sippenverband, nicht nur von Blutsverwandten, sondern auch als soziale Kernzelle
Wahhabismus – der Begriff geht auf eine frühe Form von islamischem Fundamentalismus zurück (Lehre des Ibn Abd al Wahhab im 18. Jhd.) Später wurden Angehörige einer saudiarabischen radikal-islamischen Sekte als Wahhabiten bezeichnet. Im Zusammenhang mit Tschetschenien wird der Begriff als Schlagwort für fundamentalistisch-militante Strömungen im Islam benutzt.